I0425335

La imagen poética en *El tamaño del dolor*

desde la ensoñación poética

Ricardo Romero Vallejo

A manera de prefacio.

Durante los terribles años de Iéjov*, pasé diecisiete meses haciendo cola a las puertas de las cárceles de Leningrado. Un día, alguien me reconoció. Entonces, la mujer de labios azulados que estaba detrás de mí y que evidentemente no había escuchado jamás mi nombre, saliendo del aturdimiento en que todos nos encontrábamos, me susurró al oído —allí no se hablaba más que entre murmullos—: «¿Y puede describir usted esta pesadilla?» Yo le respondí que sí. Entonces una especie de sonrisa se deslizó sobre lo que, en otro tiempo, había sido su rostro.

Anna Ajmátova

1º. de abril de 1957

Leningrado

---

*Jefe de la policía secreta durante la época de Stalin, y uno de sus principales lugartenientes (T).

Introducción

El estudio teórico y el análisis crítico de la imagen poética revelan que estamos ante un tema complejo que difícilmente podrá ser aclarado en su totalidad. Si bien no nos encontramos ante un callejón sin salida, el callejón que conduce a la salida cuenta con varios caminos que nos llevan a otras salidas. Es complejo, además, por su relación evidente con otros factores como la emoción, el ritmo o el propio lenguaje, entre algunos otros, que a su vez son parte fundamental de la poesía. El trabajo presente es un esfuerzo por realizar un análisis crítico sobre la imagen poética en un solo poemario, cuyo soporte teórico servirá para su demostración. Para delimitar aún más la temática y para conseguir buenos resultados durante el proceso, hallazgos que de alguna manera contribuyan a la comprensión de la poesía en general y de la imagen poética en particular, la ensoñación será el principal instrumento en el que se verá puesto a prueba el logro de la imagen poética.

Antes de continuar debemos considerar unos datos sobre los poemas, el concepto que analizaremos y los autores. El poemario es *El tamaño del dolor* (2005) de Xhevdet Bajraj (1960), poeta kosovar naturalizado mexicano. El concepto de la ensoñación es tomado de *La poética de la ensoñación* (1960) de Gaston Bachelard (1884-1962), filósofo-literato champañés.

Los poemas de *El tamaño del dolor* han sido bien recibidos por los lectores en lengua española, y esta es sólo una de las razones para ocuparnos del estudio de sus imágenes poéticas, puesto que la imagen poética es traducible, según Ezra Pound (1885-1972) en *El arte de la poesía* (1954), "puede ser traducida casi, o completamente, intacta. Cuando es suficientemente buena es casi imposible que el traductor la destruya, salvo por una gran torpeza y un abandono de reglas de formulación perfectamente conocidas" (41). Además, *El tamaño del dolor* no es una traducción de un libro publicado, pues no existe un *El tamaño del dolor* en albanés, es una versión en español hecha por el propio autor para México, se trata de una antología de poemas de antes, durante y después de la guerra en Kosovo a fines del siglo pasado, cuando Bajraj ya tenía seis años viviendo en nuestro país, dos de ellos en la Casa Refugio Citlaltepetl gracias al programa de apoyo a escritores perseguidos del Parlamento Internacional de Escritores, y cuatro de esos años los había ejercido como Profesor Investigador de Poesía en la Universidad Autónoma de la Ciudad de México, donde hasta la fecha mantiene este cargo y donde fui estudiante suyo seis semestres. Desde entonces hemos trabajado juntos en traducciones de otros autores en lengua albanesa que jamás se habían traducido. (Debo decir que únicamente he apoyado en sugerir el mejor español posible para las traducciones que Xhevdet lleva a cabo, algunas cuestiones de concordancia en género y número, nexos, vocabulario, expresiones, etcétera.) Otra de las razones es conocer de qué manera esta poesía ha podido conmover a los lectores a través de la emoción, y cómo esta emoción forma parte de la imagen, y la imagen cómo es vista y sentida a un mismo tiempo: en estos aspectos la teoría poética nos conducirá a las respuestas.

Con todo, el objeto de estudio no es la teoría, sino el poema. La teoría es un apoyo para observar los poemas desde un ángulo crítico. En *El demonio de la teoría* (1998), Antoine Compagnon (1950) entiende por crítica literaria "un discurso sobre las obras literarias que pone el acento en la experiencia de la lectura, que describe, interpreta, evalúa el sentido y el efecto que las obras tienen sobre los (buenos) lectores, que no son necesariamente cultos ni profesionales" (22). Los poemas elegidos serán tratados de la misma manera, aunque en ocasiones la emoción sea inherente al poema o a la imagen, esto será señalado en su oportunidad. *El tamaño del dolor* tampoco ha sido escogido aquí para consolidar alguna teoría en particular. Las poéticas de los poetas, más que las poéticas de los ensayistas que no hacen poesía, pueden parecer justificaciones de sus obras, por lo tanto, son más particulares y más específicas, de ahí que siempre se comparen las fechas de publicación entre los poemas y las poéticas de los autores. Francis Ponge (1899-1988) inicia su poética *Métodos* (1961) diciendo que la escribe porque se lo pidieron, y donde, dicho sea de paso, presume:

> Una bella imagen, por el contrario, una representación audaz, nueva y justa, me enorgullece más que si hubiera erigido un sistema, hecho una invención mecánica de primer orden, batido un récord, descubierto un continente: es como si hubiese descubierto un nuevo metal, mejor aún: lo he descubierto *dentro del hombre*, y está firmado: soy yo, es la prueba de mi superioridad sobre todo el mundo (por experiencia, estoy seguro de la admiración de quienes se me asemejan): le he proporcionado gozo a la mente humana.
> (30)

Además de ello, el sentido de las palabras del poeta en el poema son muy distintas a las del teórico. Las propuestas teóricas pueden ser sobrepasadas o ignoradas. El poema ni siquiera considera esto, va por otro lado, por cualquier otro lado. Sería difícil saber ahora si las teorías existentes sobre la imagen serán superadas. Es un hecho que hay un constante movimiento, característica fundamental de los conceptos aquí tratados. Las propuestas de los autores que estudiamos sin duda han arrojado luz al entendimiento de las obras poéticas y continuarán probándose. Para Compagnon, la teoría "protesta siempre contra lo implícito, es el moscardón, el *protervus* (el que protesta) de la vieja escolástica. Exige cuentas, y no hace suya la advertencia de Proust en *El tiempo recobrado*, al menos en lo que se refiere a los estudios literarios: «Una obra que contiene teorías es como un objeto al que se le ha dejado el precio». La teoría quiere saber el precio" (23). Queremos saber el precio, por eso acudimos a la teoría. Los poemas de *El tamaño del dolor* también se leerán en un futuro cercano. ¿Un siglo o dos más, tal vez? Difícil decirlo.

Las ideas de Octavio Paz (1914-1998) publicadas en *El arco y la lira* (1956) nos dirán más al respecto y nos acompañarán en esta tarea: "La imagen dice lo indecible: las plumas ligeras son piedras pesadas. Hay que volver al lenguaje para ver cómo la imagen puede decir lo que, por naturaleza, el lenguaje parece incapaz de decir. […] Las plumas son piedras, sin dejar de ser plumas. El lenguaje, vuelto sobre sí mismo, dice lo que por naturaleza parecía escapársele. El decir poético dice lo indecible" (106-112).

A través del dolor, a pesar del dolor, la poesía tiene el poder de ser, la capacidad de crearse y transmitirse entre poetas y lectores, pese a todo, incluso en las peores condiciones, en la mayor adversidad en que el hombre se ha visto, en situaciones bélicas, en (tal vez) un escalón más allá de la muerte, más allá de la espera o contemplación de la muerte, en la vivencia de la muerte o la muerte "en vida". De ahí el dolor, la emoción, la ensoñación, de aquí la superada capacidad de asombro ante la creación de un poema. Además de ello ¿pensar también en figuras retóricas, temáticas, estilo, imaginación poética? De qué modo es posible, quién se atreve a decirlo. Pareciera que la ensoñación se instalara con vida propia en el pensamiento poético y al poeta no le quedara más que asimilarla y sucumbir a ella, y uno de sus recursos más poderosos en su poética fuera ni más ni menos que la imagen. Siguiendo a Paz:

> Las imágenes del poeta tienen sentido en diversos niveles. En primer término, poseen autenticidad: el poeta las ha visto u oído, son la expresión genuina de su visión y experiencia del mundo. […] En segundo término, esas imágenes constituyen una realidad objetiva, válida por sí misma: son obras. […] Finalmente, el poeta afirma que sus imágenes nos dicen algo sobre el mundo y sobre nosotros mismos y que ese algo, aunque parezca disparatado, nos revela de veras lo que somos. (107-108)

Más adelante continúa Octavio Paz en *El arco y la lira*, profundizando sobre una definición de la imagen poética que nos ayuda a entenderla y a verla en el sentido más cercano a la intención de nuestros actuales poetas:

Toda frase quiere decir algo que puede ser dicho o explicado por otra frase. En consecuencia, el sentido o significado es un *querer decir*. O sea: un decir que puede decirse de otra manera. El sentido de la imagen, por el contrario, es la imagen misma: no se puede decir con otras palabras. *La imagen se explica a sí misma.* Nada, excepto ella, puede decir lo que quiere decir. Sentido e imagen son la misma cosa. Un poema no tiene más sentido que sus imágenes. […] El poeta no quiere decir: *dice*. (109-110)

Así sea esto lo más indeseable, impensable, lo peor, lo que no se puede imaginar, lo que entra a la imaginación a través de la realidad, es decir, que no puedes inventarlo de la nada si no sucede de verdad. Hablamos de la indecibilidad para todos, para la humanidad, excepto para el poeta, y no para cualquier poeta, sino para el poeta que la ha visto y la dice o ha optado por decirla, pese a no ser precisamente un trinar de gaviotas en el ocaso. Intentaremos demostrar que este decir poético ha sido posible gracias a la ensoñación.

Ahora bien, este concepto de ensoñación poética será tratado de principio a fin de nuestro trabajo para analizar las imágenes poéticas más representativas en *El tamaño del dolor*. Mientras tanto, hay que apuntar sobre la grandiosa obra de Gaston Bachelard, que este filósofo ve en la imagen poética un fenómeno que se desarrolla en la consciencia, la ensoñación, una acción llevada a cabo por el poeta mediante las cosas esenciales de la vida, pues como nos dice en *La poética del espacio*: la imagen se origina "en la conciencia como un producto directo del corazón, del alma, del ser del hombre captado en su actualidad" (9). El poeta origina el lenguaje a través de la imagen, esta "es *antes* que el pensamiento" (11). Y con esto es demasiado, pues el propio Bachelard se dio cuenta de que cada una de estas cosas podría constituir una poética. Se lanzó a su estudio durante casi la mitad de su vida, más con la intención de abrir el camino a nuevas hipótesis y poéticas que para agotar aquellas que él había elegido. Tal es el caso de su aportación sobre el estudio de los cuatro elementos, tan sólo su investigación sobre la tierra le llevó más de

800 páginas en dos libros. Doce libros con alguna relación a la imagen poética, sin contar sus otros trabajos sobre otras áreas. Más de tres mil páginas. Alrededor de cuarenta años. Con esto queda claro que es imposible agotar alguno de los elementos que nos mueven a ensoñar. Debido a la magnitud de su obra, solamente tomamos *La poética de la ensoñación* que está relacionada con la mayor parte de sus teorías y recuperaremos algunos fragmentos de otras publicaciones de Bachelard donde encontramos argumentos alusivos a la imagen poética, en particular aquellos que sirvieran a su búsqueda y a su concepción, a su aprovechamiento. A través de la ensoñación, el poeta rompe las estructuras humanas, las del espacio, el tiempo y el sueño, y penetra en los elementos, complejos y *simplejos* (así dice Bachelard) que en esencia lo constituyen más allá de todo, sin perder de vista que tratamos una fenomenología y su estudio provoca nuevos estudios y fenómenos a considerar. Se trata de una ensoñación poética, creativa, producto del pensamiento enfocado a dar vida a un poema. Imposible pensarla como mera iluminación divina y casual. Esto sería un error. Es una ensoñación que está ligada al dinamismo de la imagen, nunca al estancamiento, al contrario, suscita la continuidad imaginativa. Siguiendo a Bachelard:

> La ensoñación que queremos estudiar es la ensoñación *poética*, una ensoñación que la poesía lleva hacia la buena inclinación, la que una conciencia que crece puede seguir. Esta ensoñación es una ensoñación que se escribe o que, al menos, promete escribirse. Ya está ante ese gran universo que es la página blanca, en el cual las imágenes se componen y se ordenan. […] Hay que observar, además, que una ensoñación, a diferencia del sueño, no se cuenta. Para comunicarla, hay que *escribirla*, escribirla con emoción, con gusto, reviviéndola tanto más cuando se la vuelve a escribir. (17-19)

Establecido lo anterior, además de Octavio Paz y Ezra Pound, mencionados desde esta introducción con *El arco y la lira* y *El arte de la poesía*, respectivamente, otros dos poetas nos ayudarán a ver la poesía según su experiencia: Vicente Huidobro (1893-1948), y Pierre Reverdy

(1889-1960). Con esto tenemos más que suficiente para estudiar y analizar cualquier libro de poemas, sin embargo, es necesario apoyarnos en las ideas de estos poetas que siempre nos aclaran el panorama, muchas veces más que los autores que no hacen poesía, de tal modo que destinaremos un espacio a sus poéticas para la comprensión de la poesía y específicamente sobre lo que ellos entienden sobre la imagen poética.

Dentro del universo literario, sólo trataremos una parte de la poesía que comprende al siglo XX, puesto que en esos años surge la mayoría de las teorías sobre la imagen poética como la entendemos actualmente. Esto es así a consecuencia de la obra que nos dejaron algunos de los autores de ese tiempo, entre cuyas características se advierte con facilidad el distanciamiento de la poesía de siglos anteriores en todos o casi todos los sentidos, por ejemplo métrica, rima, gramática, figuras retóricas, temas, etcétera. Por consiguiente, la imagen poética llegaría a ser otra, fruto de concepciones diferentes a las precursoras. Podemos observar así que en la poesía mundial más reciente la imagen poética es considerada como un fenómeno específico, a partir de los movimientos literarios, sus autores, propuestas y manifiestos, quienes han sido algunos de los encargados de este proceso de identificación de la imagen poética en el poema en particular, de un modo diferente a como se hacía previamente. Para investigar al respecto, es necesario delimitar aún más su análisis a las teorías más influyentes en la poesía desde su aparición hasta los autores que las sucedieron, es decir, la obra y las propuestas que han superado el tiempo – algunas un siglo ya–, que siguen funcionando a pesar de nuevas obras y lanzamientos.

La motivación más fuerte que ha impulsado esta tarea es obtener un panorama representativo de la imagen poética empleada en *El tamaño del dolor* como herramienta fundamental para llevar a cabo un poema. Dado que la imagen poética está relacionada con varios aspectos –algunos inabarcables por completo, son verificables en otros trabajos como las vanguardias literarias y artísticas en América y en Europa–, únicamente trataremos las propuestas relacionadas con la imagen poética de los autores mencionados que podamos confrontar con los poemas de Bajraj. Es decir, tampoco está la finalidad de utilizar todas las ideas de dichos autores, dado que tampoco sería posible, ni siquiera de uno solo, pues son autores con obras grandes en todos los sentidos. En resumen, veremos qué significa para ellos la imagen poética y aprovecharemos esto para ver las imágenes de Bajraj, partiendo siempre de la ensoñación concebida por Bachelard. Así pues, *La poética de la ensoñación* es el eje de cristal para ver las imágenes de *El tamaño del dolor*.

1. La imagen poética según cuatro poetas del siglo veinte

Ezra Pound

Después de la primera década del siglo XX, en esos años cruciales para el destino del mundo, intensos, cargados de conmoción, las ideas de Ezra Pound y su manera de asimilar la literatura y la cultura de todos los tiempos para aplicarla en una forma distinta de hacer poesía fueron condensadas en unos cuantos textos y miles de versos, ambos imprescindibles para entender la transformación de la imagen poética y la poesía.

Pound vivió las sacudidas de la Primera Guerra, no es raro que sus propuestas tuvieran una estrecha relación con el dinamismo y la fuerza, la energía y la emoción, según veremos en sus palabras. Polémico en cada posición adoptada y también en la política, nos enfocaremos en sus letras y la revolución que significó su configuración de la literatura. Sin mayor preámbulo, abordaremos su concepción del vorticismo recopilada en *Il mare* (1931) y al respecto de la imagen en *El arte de la poesía* (1954). Divide su movimiento en cuatro partes, en "Vorticismo (I)" aclara:

En septiembre de 1914 publiqué un artículo en la *Fortnightly Review* […] Reproduzco aquel artículo por entero porque muestra nuestros lineamientos acordes o, al menos, la línea de pensamiento que conducía al empleo del término «vorticista» cuando buscábamos una designación que fuese igualmente aplicable a una sola base justa de todas las artes. Evidentemente, no podía haber poesía cubista o pintura imaginista.

Había situado el aforismo fundamental del vorticismo en un «vórtice» en el primer número de *Blast*, tal como sigue:

Todo concepto, toda emoción, se presenta a una vívida conciencia en alguna forma
primordial. El mismo pertenece al arte de la manera siguiente: si sonido, a la
música; si formado por palabras, a la literatura; si imagen*, a la poesía; si forma, al
dibujo; color en situación, a la pintura; forma o diseño en tres planos, a la
escultura; movimiento, a la danza o al ritmo de la música o al verso. Definí el
«vórtice» como «el punto de máxima energía», y dije que el vorticista se confiaba
al «pigmento primordial» y sólo a él. (13)

Es necesario detenernos aquí. En el aforismo hay una nota al pie hecha por Pound en la
palabra imagen que debemos citar por completo, pues aclara el sentido que tiene la imagen en el
vorticismo:

*Reflexión en el año XI [año XI de la Nueva Italia inaugurada por Mussolini. (Nota del
traductor de Pound de esta edición)]. Esta discusión artística se ha vuelto casi prehistórica
después de veinte años, aun cuando incluya algunos principios que he aclarado mejor en
el intervalo. [Me resulta curioso encontrar este ensayo en una lengua que no es la mía.
(Nota de Pound a esta nota.)]

La terminología no es suficientemente clara en la traducción, más por mi vieja culpa que
por la del traductor.

Image, del latín *imago*, empleado en un sentido especial y explicado en las discusiones de
la época (1911-1915).

En tanto que manifestación verbal, indicaba: palabra o grupo de palabras que expresa un
complejo emotivo e intelectual en un instante de tiempo, mediante remisión visual. El
pensamiento subyacente fue explicado mejor entre 1916-1918. Véase ahora: *How to read*.
(14)

En esta nota podemos ver que concibe la imagen como:

Complejo emotivo

Complejo intelectual   Mediante remisión visual

Instante de tiempo

En *El arte de la poesía*, Pound deja más claro este punto:

Se desea comunicar una idea y sus emociones concomitantes, o una emoción y sus ideas

concomitantes, o una sensación y sus emociones derivadas, o una impresión que sea

emotiva, etc., etc., etc. Se empieza por el aullido y el ladrido, y luego se pasa a la danza y

a la música, y a la música con palabras, y finalmente a las palabras con música y

finalmente a las palabras con un vago esbozo de música, palabras que sugieren música,

palabras medidas, o palabras con un ritmo que conserva alguna característica exacta de la

impresión emotiva, o del carácter esencial de la emoción propiciadora o generadora de las

palabras. […] deben ser el roble que sale de la bellota. (79-80)

Pound continúa con su definición de vorticismo:

Se ha enunciado que el vorticismo incluye las facultades de la pintura y la escultura, y, en

poesía, al imaginismo. […]

El imaginismo ha sido conocido sobre todo como movimiento estilístico, como un

movimiento de crítica más que de creación. Esto es natural porque, a pesar de cualquier

posible celeridad en la publicación, el público, siempre y por necesidad, se halla algunos

años atrasado respecto del pensamiento contemporáneo de los artistas. Casi todos están

dispuestos a aceptar el imaginismo como un compartimento de la poesía, así como se

acepta la «lírica» como un compartimento de la poesía.

Hay una especie de poesía en la que la música, la melodía en sí, casi parecería a punto de

desembocar en lenguaje.

Se trata aquí de otra especie de poesía, en la que la pintura o la escultura parecerían verdaderamente a punto de convertirse en lenguaje. (15)

Considerado como un movimiento crítico, "el imaginismo (1912-1914) se empeñó en «llevar la poesía al nivel de la prosa». Nadie es tan iluso como para creer que la poesía contemporánea posea algo similar a tal situación…" (16)

En marzo de 1913 publicó "los aforismos del credo imaginista":

1. Tratamiento directo de «la cosa», sea ella subjetiva u objetiva.

2. No emplear palabras que no contribuyan a la presentación.

3. En cuanto al ritmo: componer con la secuencia de la frase musical, no con la del metrónomo. (16)

Es decir, la imagen debe presentarse directamente en el poema según la emoción que la haya generado más allá de la métrica y la rima, según el ritmo de la emoción "de primera intensidad. […] Creo que toda emoción y toda frase emotiva cuenta con alguna frase atonal" (17). Más adelante veremos un ejemplo. Pound después aseguraría que "vale más presentar una sola imagen en toda una vida que producir obras voluminosas" (*El arte de la poesía* 9), tomando en cuenta también la economía de palabras.

Más aún, algunas emociones o temas encuentran su más apropiada expresión en algún arte en particular. La obra de arte que más «vale la pena» es la que requeriría un centenar de obras de cualquier otro tipo de arte para explicarla. Una hermosa estatua concentra en sí cien poemas. Un hermoso poema es un centenar de sinfonías. Hay música que exigiría cien pinturas para ser explicada. (17)

La propuesta es presentar en cada arte algo imposible o casi imposible de presentar en algún otro arte, "cuando el poeta habla de «Dawn in russet mantle clad» [La alborada en bermejo manto se aderaza. (NT)], introduce algo que el pintor no puede introducir" (17). Al proponer algo que signifique tanto de uno a otro arte podría pensarse que se persigue algo simbólico, pero no es

así aunque lo parezca, pues no decide representar sino, hay que repetirlo, presentar. "El

imaginismo no es simbolismo. El simbolismo trataba con asociaciones, es decir con una especie

de alusión, casi de alegoría. [...] Los símbolos del simbolista poseen un valor fijo, como, en

aritmética, los números 1, 2 y 7, etc. Las imágenes del imaginista tienen un significado variable,

como los signos algebraicos a, b y x en álgebra" (17). Esto llevó a Pound a buscar una definición

psicológica o filosófica «desde dentro», desde el yo. "Se dice «Yo soy esto, eso o aquello» y,

apenas pronunciadas las palabras, se deja de serlo (18). Sigue Pound:

> En un segundo tiempo escribí poemas como *Return*, que es una realidad objetiva y posee
>
> una especie de significado complejo... [...] Tercero, escribí *Heather*, que representa, o
>
> implica, un estado de conciencia.
>
> Un corresponsal ruso, tras haberlo llamado poema simbolista y haber sido convencido de
>
> que no se trataba de simbolismo, comentó levemente: «Entiendo. Usted desea darles
>
> nuevos ojos a los otros, no hacerles ver alguna cosa nueva en especial». (18)

Esto nos ha remitido inevitablemente al *Bhagavad-Gita*, un diálogo entre Krishna y

Aryuna: "Cualquier cosa que desees ver, puedes encontrarla al instante en este cuerpo. Esta

forma universal te puede mostrar todo lo que ahora desees, lo mismo que cualquier cosa que

puedas desear en el futuro. Todo está aquí en forma completa. Pero no puedes verme con tus ojos

actuales. Por lo tanto, Yo te doy ojos divinos con los cuales puedes ver Mi opulencia mística."

(79). El poeta presenta, da sus ojos poéticos para que veamos sus imágenes.

En "Vorticismo (II)", Ezra Pound prolonga sus ideas sobre el arte y la poesía, el arte y la

imagen:

> Whistler y Kandinsky, y algunos cubistas, decidieron expulsar cualquier material extraño
>
> de su arte; prescindían de los valores literarios. [...] La imagen es el pigmento del poeta.

[…] el autor tiene que usar su *imagen* porque la ve o la siente, *no* porque piense poder usarla para sostener alguna opinión o algún sistema ético o económico.

Una imagen, en el sentido que nosotros le damos, es real porque la conocemos directamente. […] Asunto nuestro es restituir la imagen tal como la hayamos percibido y concebido. (19)

Es así que, en el metro de París, Pound *vive* literalmente una imagen que habría de hacer poética, *no representativa*, y otras artes le dicen poco, las teorías sobre pintura no le dicen suficiente, recurre a las ciencias: "No quiero decir que encontré palabras, sino… una ecuación, no en un discurso, sino en pequeñas manchas de color" (20). Y nos remite a su primera definición de vorticismo: "Todo concepto, toda emoción se presenta a una vívida conciencia de alguna forma primaria. Pertenece al arte de esa forma" (21). Así pues, se requiere explorar en la consciencia para encontrar lo que se quiere decir, lo que debe ser presentado. "Todo lenguaje poético es un lenguaje de exploración. Desde los orígenes de la mala literatura, los escritores han empleado las imágenes como ornamento. La característica del imaginismo consiste en que no emplea las imágenes como ornamento. La imagen es el discurso mismo. La imagen es la palabra más allá del lenguaje formulado" (22). Agrega Pound que una vez escuchó decir a una niña acercándose al interruptor si podía *abrir* la luz. "Empleaba el antiguo lenguaje de la exploración, el lenguaje del arte. Era una especie de metáfora, pero ella no la empleaba como ornamento" (22). Su investigación lo conduce a superponer las ideas que había estado analizando:

El poema «de una única imagen» es una forma de superposición; es decir que se trata de una idea inserta sobre otra. La consideré útil para abandonar el callejón sin salida en donde me había dejado mi emoción del metro. Escribí un poema de treinta líneas y lo destruí porque era aquello que nosotros llamamos «un trabajo de segunda intensidad».

Seis meses más tarde compuse un poema que era la mitad de aquel; y un año después, esta frase similar a un haikai:

> La aparición de esos rostros en la multitud:
>
> pétalos sobre una húmeda rama negra.

Quiero imaginar que esto carece de significado a menos que se haya ingresado en una cierta disposición de pensamiento. En un poema de esta clase se intenta indicar el preciso momento en el que un objeto exterior y objetivo se convierte, o vibra, en algo interior y subjetivo. (23)

Este poema titulado *En una estación del metro*, donde Pound nos señala que se trata de un poema *de* una imagen, más bien es un poema *en* una imagen porque hay poemas largos que únicamente contienen una imagen, además de emoción, figuras retóricas, u otros elementos. Sobre este poema, Haroldo de Campos (1929), en "Ideograma, anagrama, diagrama: una lectura de Fenollosa" (2000), incluye una nota al pie que agrega una perspectiva diferente para analizarlo de otra manera, más cercana aún a las ideas de Pound y pertinente a la presentación que nos ocupa en este apartado: "Alrededor de 1912, Pound ya era una figura conocida y polémica en la capital inglesa, y corresponsal de la revista americana *Poetry*, fundada por su compatriota Harriet Monroe. Su colaboración para el número de abril de 1913 de *Poetry* fue una secuencia de poemas 'imaginistas'. Entre ellos figuraba el hoy célebre 'In a Station of the metro':

> The apparition of these faces in the crowd:
>
> Petals on a wet, black bough." (63)

La nota al pie dice:

H. Kenner, en *The Pound Era*, señala que este casi-haikai debería, según la concepción original de Pound, aparecer "puntuado" por espacios blancos entre *apparition* y *of these faces*; entre *faces* e *in the crowd*; entre *Petals* y *on a wet, black bough*. Así, el poema exhibiría, en sus dos líneas, "cinco fases de percepción". Sin embargo, las instrucciones poundianas, dadas a H. Monroe, no fueron observadas por los impresores, que las juzgaron demasiado "bizarras". Kenner subraya, además, la singular "estructura tipográfica y métrica" de este poema, definiéndola ya como "paratáctica". En el plano fónico, nótese la aliteración en /p/ que liga *apparition* a *Petals*, así como la resonancia anagramática (con ligeras alteraciones de timbre) entre *Petals* y *wet, black*. (63)

Evidentemente, es un poema que favorece la imaginación poética, cada elemento adquiere vida propia, se ven más. Es extraño que Pound no haya hecho un mayor esfuerzo por conservar esta idea, manteniéndose como siempre estuvo, del lado de la imagen. Entonces veamos lo que Pound vio y quería que viéramos:

The apparition   of these faces   in the crowd:

Petals   on a wet, black bough.

Quizá estos espacios fueran demasiado en aquel momento. Haroldo agrega:

El poema se mostraba influido por lecturas en inglés y francés de poesía china y japonesa (la *chinoiserie* y el niponismo de salón estaban de moda, desde el Simbolismo, en traducciones más o menos convencionales, a las cuales faltaba siempre la visión sintética y esencializadora de Pound). Impresionada —según refiere Hugh Kenner— por el dominio del lenguaje poético revelado en aquella serie de poemas, Mary Fenollosa, entonces en Londres, decidió confiar al joven Pound los cuadernos manuscritos del marido relativos al teatro *Nô* y a la poesía china. De la empatía de ese gesto se desprendió toda una revolución en la literatura moderna. (63)

En "Vorticismo (III)", Pound refiere que esta "característica especie de conciencia no debe ser identificada con el arte impresionista" (24). Y explica: "Hacia el 80 surgieron los simbolistas, opuestos a los impresionistas; ahora tenéis al vorticismo que es, diciéndolo por aproximación, el expresionismo, el neocubismo y el imaginismo reunidos en un solo campo, y, en el otro, al futurismo" (25). En seguida presenta una expresión matemática de su idea de intensidad y origen del vorticismo, donde demuestra que todo tiene un principio generador.

Llegamos a la geometría analítica de Descartes. El espacio es concebido aquí como separado por dos o tres ejes (según se trate de forma en uno o más planos), refiriéndose puntos a estos ejes mediante una serie de coordenadas. Dada la norma, *se obtiene ahora la posibilidad de crear*.

Así aprendemos que la ecuación

$$(x-a)^2 + (y-b)^2 = r^2$$

rige al círculo. Es el círculo; no un círculo en especial, sino cualquier círculo, todos los círculos. No hay nada que no sea un círculo. Es el círculo libre de los límites de tiempo y de espacio. Es lo universal existente en grado de perfección, liberado del espacio y del tiempo. (26)

En "Vorticismo IV" continúa sus observaciones entre la geometría analítica y el arte, específicamente con la poesía y la imagen:

Por la palabra «imagen» entiendo una ecuación parecida; no una ecuación matemática, no algo acerca de *a, b* y *c*, que tienen algo que ver con la forma, sino acerca de *mar, elegir, noche*, cosas que conciernen al templo del alma.

La imagen no es una idea. Es un nudo o una maraña de irradiaciones; lo que yo puedo y debo forzosamente llamar un VÓRTICE. Y de esta necesidad derivó el término «vorticismo». (27)

Y concluye: "Nunca dejaremos de afirmar con suficiente claridad que la obra de los vorticistas y la intuición de la necesidad interior existían incluso antes de todo este bullicio acerca del vorticismo. Trabajábamos aisladamente, encontramos un acuerdo subyacente y decidimos proceder juntos" (29).

Hasta aquí el vorticismo, cuya característica principal, la dinámica, es la misma en la ensoñación poética, como veremos en el capítulo siguiente.

Ahora consideraremos otro texto de Ezra Pound en el que concibe a la poesía a través de tres dimensiones poéticas. Vale decir que esto sirvió para que otros autores lo retomaran y dejaran aún más claro estas propuestas que anotaremos adelante.

En el citado por Pound *How to read*, publicado en *New York Herald, Books*, "1928 o 27", aparece esta clasificación de la poesía, según sus propiedades musicales: melopea, proyección de imágenes: fanopea, y empleo de la palabra: logopea.

Si nos olvidamos de las clasificaciones que se refieren a la forma exterior de la obra o a su motivo, y si consideramos lo que en realidad sucede en, digamos, la poesía, encontraremos que el idioma se carga de energía o dinamiza de varios modos.

En otras palabras, hay tres "géneros poéticos":

MELOPEA, en el cual las imágenes están cargadas, además de su simple significado, con alguna propiedad musical, que dirige la tendencia u orientación de ese significado.

FANOPEA, que consiste en la proyección de imágenes sobre la imaginación visual.

LOGOPEA, "la danza del intelecto entre las palabras", es decir, emplea palabras no sólo por su significado directo, sino que toma en cuenta en una forma especial la manera en que se acostumbra usarlas, el contexto que *esperamos* encontrar con la palabra, sus concomitancias usuales, sus acepciones conocidas, y juega irónicamente con ellas.

Contiene la esencia estética que constituye el dominio peculiar de la manifestación verbal y que es imposible encontrar en la plástica o en la música. Es la última modalidad que se da, y quizá la más difícil y menos digna de confianza.

La *melopea* puede ser apreciada por el extranjero de oído fino, aunque desconozca la lengua en que se escribió el poema. Es prácticamente imposible traducirla o transportarla de una lengua a otra, salvo un accidente divino, y a razón de medio verso a la vez.

La *fanopea*, al contrario, puede ser traducida casi, o completamente, intacta. Cuando es suficientemente buena es casi imposible que el traductor la destruya, salvo por una gran torpeza y un abandono de reglas de formulación perfectamente conocidas.

La *logopea* no se puede traducir; aunque la actitud mental que expresa puede pasar de un idioma a otro mediante la paráfrasis. O sea, *no* se puede traducir "localmente", pero habiendo determinado el estado mental del autor original, se puede o no encontrar un derivado o un equivalente. (*El arte de la poesía* 40-41)

Por su parte, Hugo Padeletti (1928) titula su texto de forma muy parecida: *Cómo se lee un poema*, recopilado por la revista *Poesía y poética* (1999):

Hay tres clases básicas de poemas: 1) los que tienen un hilo conductor conceptual, generalmente con disminución de los elementos imaginario y sonoro; 2) los que consisten esencialmente en imágenes, con probable disminución de los aspectos conceptual y sonoro; 3) los que ponen el acento en la música de las palabras: en la métrica, el ritmo, asonancias, consonancias y disonancias, paronomasias y juegos de vocablos en general, subordinando esto al sentido conceptual y en parte al imaginario. De más está decir que estas tres categorías rara vez se dan puras sino combinadas. Los tres elementos fundamentales del lenguaje: concepto, imagen y sonido pueden entrar en combinaciones múltiples, como lo prueba la apabullante variedad de la poesía a través de las lenguas y los siglos.

Si se trata de un poema principalmente conceptual, los conceptos nos guían desde el principio hasta el fin, las imágenes ilustran los conceptos y el ritmo los va articulando.

Pero ojo, que un poema conceptual, pese a su claridad, que a veces se complica en deliberada oscuridad y dificultad, puede ser muy poco poético. Si el poema está compuesto básicamente de imágenes, es importante ver si hay una buena organización o simplemente una acumulación de ellas, la acumulación incoherente de imágenes es el recurso favorito de los malos poetas. Si el poema es esencialmente sonoro hay que descubrir si es significante, si no es un mero juego de vocablos. Hay un tope que este último tipo de poesía no puede sobrepasar: la anulación del concepto y de la imagen; si esto ocurre no hay ya lenguaje y por lo tanto tampoco poesía; ciertas experiencias extremistas lo han probado. Si el poema, como ocurre en la mayoría de los casos, consiste en una dosificación variada de los tres elementos constitutivos, importa ver qué papel juega cada parte en el conjunto y saber apreciarlo. (37)

Para terminar con esta clasificación de la poesía en la que la imagen poética constituye una parte imprescindible, en *El arco y la lira* (1956) Octavio Paz dice algo similar: "Ser ambivalente, la palabra poética es plenamente lo que es –ritmo, color, significado– y, asimismo, es otra cosa: imagen. La poesía convierte la piedra, el color, la palabra y el sonido en imágenes" (22). A esto agrega Paz:

> Y es tal el poder expresivo del ritmo que a veces basta con los puros elementos sonoros para que la iluminación poética se produzca, como en el obsesionante y tan citado "un no sé *qué que quedan* balbuciendo" de San Juan de la Cruz. El éxtasis no se manifiesta como imagen, ni como idea o concepto. Es, verdaderamente, lo inefable expresándose inefablemente. El idioma ha llegado, sin esfuerzo, a su extrema tensión. (90)

En seguida esto quedará más aclarado en la parte reservada para Octavio Paz. Mientras tanto baste decir que tan sólo con Pound hemos obtenido un panorama revelador sobre la transformación y el impulso que adquirió la imagen poética desde aquellos años, partiendo de su centro motor, la energía, la emoción y la consciencia de la imaginación. Sin embargo, los demás autores que contemplamos en esta investigación también aportan sus ideas y riquezas culturales a este conocimiento y señalaremos sus relaciones con lo que hemos visto hasta estas líneas.

Vicente Huidobro

En el texto "Manifiesto de manifiestos" recopilado en 1994 en *Poética y estética creacionistas*, Vicente Huidobro presenta sus propuestas respecto a la imagen poética, para ello parte de las ideas surrealistas:

> Respecto a la imaginación, los surrealistas nos dan como novedad aquella definición que dice que la imaginación es la facultad mediante la cual el hombre puede reunir dos realidades distantes.
>
> Esta definición, que di en mi libro *Pasando y pasando*, en 1913, no como inventada por mí sino como la definición que uno encuentra corrientemente en cualquier texto de retórica que no sea muy malo, es tal vez una de las más antiguas que se conocen. (148)
>
> Yo agregaba entonces, y lo repito ahora, que el poeta es aquel que sorprende la relación oculta que existe entre las cosas más lejanas, los ocultos hilos que las unen. Hay que pulsar aquellos hilos como las cuerdas de un arpa, y producir una resonancia que ponga en movimiento las dos realidades lejanas.
>
> La imagen es el broche que las une, el broche de luz. Y su poder reside en la alegría de la revelación, pues toda revelación, todo descubrimiento produce en el hombre un estado de entusiasmo. […]
>
> Pues bien, yo digo que la imagen constituye una revelación. Y mientras más sorprendente sea esta revelación, más trascendental será su efecto. (149)

Tenemos así que el poeta sorprende relaciones lejanas. Sobre esto habrá coincidencias y discrepancias con los demás autores aquí tratados. Por ahora podemos anotar que Huidobro también concuerda con la emoción tratada por Pound y añade lo nuevo o inhabitual:

Un poema sólo es tal cuando existe en él lo inhabitual. Desde el momento en que un poema se convierte en algo habitual, no emociona, no maravilla, no inquieta más, y deja, por lo tanto, de ser un poema, pues inquietar, maravillar, emocionar nuestras raíces es lo propio de la poesía.

La vida de un poema depende de la duración de su carga eléctrica. Me pregunto si los habrá eternos. (156)

Huidobro lanza sus propios preceptos en su movimiento, *El Creacionismo*, mismo que tomamos de su texto así nombrado, donde dice:

El creacionismo no es una escuela que yo haya querido imponer a alguien; el creacionismo es una teoría estética general que empecé a elaborar hacia 1912… […] Más tarde, hacia 1913 o 1914, yo repetía casi igual cosa en una pequeña entrevista aparecida en la revista *Ideales*… (160)

Pero fue en el Ateneo de Buenos Aires, en una conferencia que di en junio de 1916, donde expuse plenamente la teoría. Fue allí donde se me bautizó como *creacionista* por haber dicho en mi conferencia que la primera condición del poeta es crear; la segunda, crear, y la tercera, crear. (161)

Cuando escribo "el pájaro anida en el arcoíris", os presento un hecho nuevo, algo que jamás habéis visto, que jamás veréis, y que sin embargo os gustaría mucho ver.

Un poeta debe decir aquellas cosas que nunca se dirían sin él. […]

El poema creacionista se compone de imágenes creadas, de situaciones creadas, de conceptos creados; no escatima ningún elemento de la poesía tradicional, salvo que en él dichos elementos son íntegramente inventados, sin preocuparse en absoluto de la realidad ni de la veracidad anteriores al acto de realización. (163)

Según la clasificación poética que había dado Pound, también Huidobro afirma sobre su creacionismo con observaciones semejantes:

Si para los poetas creacionistas lo que importa es presentar un hecho nuevo, la poesía creacionista se hace traducible y universal, pues los hechos nuevos permanecen idénticos en todas las lenguas.

Es difícil y hasta imposible traducir una poesía en la que domina la importancia de otros elementos. No podéis traducir la música de las palabras, los ritmos de los versos que varían de una lengua a otra; pero cuando la importancia del poema reside ante todo en el objeto creado, aquel no pierde en la traducción nada de su valor esencial. (168)

A continuación, tenemos la base de la teoría poética *creacionista* de Huidobro, condensada en cuatro puntos, al referirse a la publicación de *Horizon carré*, su poemario de 1917:

Horizonte cuadrado. Un hecho nuevo inventado por mí, creado por mí, que no podría existir sin mí. [...]

Ha condensado en sí la esencia de mis principios.

1°. Humanizar las cosas. Todo lo que pasa a través del organismo del poeta debe coger la mayor cantidad de su calor. Aquí algo vasto, enorme, como el horizonte, se humaniza, se hace íntimo, filial gracias al adjetivo CUADRADO. El infinito anida en nuestro corazón.

2°. Lo vago se precisa. Al cerrar las ventanas de nuestra alma, lo que podía escapar y gasificarse, deshilacharse, queda encerrado y se solidifica.

3°. Lo abstracto se hace concreto y lo concreto abstracto. Es decir, el equilibrio perfecto, pues si lo abstracto tendiera más hacia lo abstracto, se desharía en sus manos o se filtraría entre sus dedos. Y si usted concretiza aún más lo concreto, este le servirá más para beber vino o amoblar su casa, pero jamás para amoblar su alma.

4º. Lo que es demasiado poético para ser creado se transforma en algo creado al cambiar su valor usual, ya que si el horizonte era poético en sí, si el horizonte era poesía en la vida, al calificársele de cuadrado acaba siendo poesía en el arte. De poesía muerta pasa a ser poesía viva. (175)

En relación con el vorticismo podemos considerar que el creacionismo también surge de la fuerza producida por el movimiento, de la poesía. Poesía, a secas. Calificarla de viva sería un pleonasmo.

Pierre Reverdy

En las ideas de Pierre Reverdy recopiladas en los *Escritos para una poética* (1917-1960), podemos encontrar algunos temas vistos en las propuestas anteriores. Empezamos con el cubismo y cerraremos esta parte con la emoción y la imagen, pues además de Pound y Huidobro, Reverdy también tiene una concepción del cubismo que relaciona con la poesía y las nuevas expresiones artísticas desarrolladas durante aquellos años.

Así pues, en "Sobre el cubismo", Reverdy aclara, como Pound en cuanto a presentar algo en un arte casi imposible de presentarlo en otro arte, que "si es difícil encontrar medios nuevos en un arte, lo meritorio es encontrar los que sean apropiados a ese arte y no a otro. Es decir, que los medios literarios aplicados a la pintura (y viceversa) no pueden sino dar una apariencia de novedad fácil y peligrosa. El cubismo es un arte eminentemente plástico; pero un arte creador y no reproductivo o interpretativo" (10).

Como la perspectiva es un medio de representar los objetos según su apariencia visual, hay en el cubismo medios de construir el cuadro no tomando en cuenta los objetos sino como elemento y no desde el punto de vista anecdótico.

Se hace necesario entonces precisar la diferencia que existe entre el objeto y el tema; este es el resultado de los medios de creación que uno ha adquirido: es el cuadro mismo. Puesto que ya los objetos no entran sino como elemento, se comprenderá que no se trata de dar de ellos el aspecto sino de despejar, para ponerlo al servicio del cuadro, lo que es eterno y constante (por ejemplo, la forma redonda de un vaso, etc.), y de excluir lo demás. (11)

En estas palabras hay una concordancia con el vorticismo en cuanto a lo universal existente que decía Pound y la presentación de lo permanente. Sigue Reverdy:

La explicación de la deformación de los objetos, que nunca ha tenido el público, reside en esto. Es una consecuencia y no podría ser admitida como fantasía arbitraria del pintor. De otro modo no saldríamos de las deformaciones caricaturescas que se escudan tras esta expresión ya tan anticuada para nosotros: "la manera de ver".

Después de lo anterior se comprenderá que no admitiríamos que un pintor cubista ejecute un retrato. (11)

En cuanto a creer que la poesía moderna había derivado de la pintura, Reverdy afirma que "es exactamente lo contrario y los poetas se mantienen en su propia tradición" (41). Puesto que "fueron los poetas quienes crearon primero un arte no descriptivo, los pintores crearon luego el no imitativo. Despejar, para crear, los vínculos que las cosas tienen entre sí, para acercarlas, fue en todas las épocas lo propio de la poesía" (42). En cuanto al campo de acción del artista, Reverdy concordaría con Pound, para él también "lo propio de una obra de arte literario es no poder ser concebida y realizada de un modo distinto al escrito" (20). Además profundiza acerca de la emoción:

Si la obra produce entonces una emoción, es una emoción puramente artística y no del mismo orden que aquella que nos agita cuando en la calle ocurre un violento accidente bajo nuestros ojos.

Tal emoción dependerá directamente del grado de elevación de los medios y elementos empleados y de la precisión de su empleo. (16)

En lo más alto del pecho hay un sitio de difícil acceso, el único sensible a los esfuerzos que buscan tal emoción. Para nosotros, es el único al que sea interesante llegar. (17)

No hay que olvidar tampoco que la emoción creadora tiene por resultado la producción de una obra cuya finalidad es, a su vez, hacer nacer otra emoción. (43)

Su artículo "La imagen", publicado en marzo de 1918 en la revista Nord-Sud tiene los elementos para considerarlo un manifiesto:

La imagen es una creación pura del espíritu.

No puede nacer de una comparación sino del acercamiento de dos realidades más o menos distantes.

Mientras más lejanas y justas sean las relaciones de las dos realidades aproximadas, la imagen será más fuerte: tendrá mayor potencia emotiva y mayor realidad poética.

No podemos aproximar con utilidad dos realidades que no guarden ninguna relación entre sí. No habría en ello creación de imagen.

Dos realidades contrarias no se acercan, sino que se oponen.

Rara vez se puede obtener una fuerza de tal oposición.

Una imagen no es fuerte porque sea *brutal* o *fantástica*, sino porque la asociación de ideas es lejana y justa.

El resultado obtenido controla de inmediato la justeza de la asociación.

La Analogía es un medio de creación. Se trata de una *semejanza de relaciones*, y de la naturaleza de esas relaciones depende la fuerza o la debilidad de la imagen creada.

Lo grande no es la imagen sino la emoción que ella provocó; si esta última es grande, la imagen será estimada en la misma medida.

La emoción así provocada es poéticamente pura, puesto que nace al margen de toda imitación, de toda evocación, de toda comparación.

Hay la sorpresa y la alegría de encontrarse ante una cosa nueva.

No es posible crear imágenes comparando (siempre débilmente) dos realidades desproporcionadas.

Es posible crear, al contrario, una imagen fuerte, nueva para el espíritu, aproximando sin comparación dos realidades distantes cuyas relaciones *sólo el espíritu* ha captado.

El espíritu debe captar y gustar sin mezcla alguna una imagen creada.

La creación de la imagen, por tanto, es un poderoso medio poético y no hay por qué asombrarse del gran papel que desempeña en una *poesía de creación*. (25-26)

Como vemos en estos enunciados tan directos, a veces aforísticos, la imagen es también para Reverdy, además de las analogías y sus relaciones, creación poética, *poesía de creación*, una fuerza interna correspondiente con la potencia emotiva, igual que los autores vistos hasta el momento. Además de ello, tras años de reflexión y creación, agregaría la consciencia poética e imaginativa, un punto esencial que desarrollaría Bachelard a profundidad:

La poesía no está en las cosas [la poesía exterior al hombre] —de la manera como el color y el olor están en la rosa y emanan de ella—, está únicamente en el hombre, y es él quien carga de ella a las cosas, al servirse de estas para expresarse. Es una necesidad y una facultad, una necesidad de la condición humana — una de las más determinantes de su destino. Es una facultad de sentir y un modo de pensar. (77)

Lo propio del poeta es pensar y pensarse en imágenes — apreciar las cosas en la medida en que puedan prestarse a la formación de imágenes, las cuales constituyen su particular medio de expresión. (78)

En la naturaleza no hay imágenes. La imagen es propia del hombre, porque sólo es imagen debido a la conciencia que *él* tiene de ella. El contenido normal del pensamiento es abstracto, informe y borroso. La operación por medio de la cual se forma la imagen es un acto de atención voluntaria. El poeta, el espíritu del poeta es una verdadera fábrica de imágenes… (81)

Un último comentario sobre Reverdy. En las líneas siguientes acerca de la función poética engloba una buena parte de sus reflexiones, la emoción, la imagen, y aún más, la realidad que nos rodea y la realidad que es cada persona, la interacción de una y otra, la concientización y los frutos de esta, reafirma a la humanidad y la capacidad de imaginar como herramienta indispensable para afrontar su destino:

El movimiento poético es, pues, ese temerario intento de transformar las cosas del mundo exterior, que tal como son seguirían siendo extrañas para nosotros, en cosas más completamente asimilables y que podamos integrar lo más íntimamente posible. Dentro de ese movimiento, nos vinculamos más a las cosas y las acercamos a nosotros. Tal comunión está, más que en cualquier otra fase de la operación poética, dentro de la misteriosa formación de la imagen que entonces ocurre. Cierto, en poesía sólo existe la imagen. Un poema no está compuesto exclusivamente de imágenes, aun cuando en sí mismo constituya, en definitiva, una imagen compleja, inscrita, una vez establecida, como objeto autónomo en la realidad. Pero la imagen es, por excelencia, el medio de apropiarse lo real, con vistas a reducirlo a proporciones plenamente asimilables a las facultades del hombre. Ella es el acto mágico de transmutar lo real externo en real interno, sin el cual el hombre no habría podido allanar nunca el inconcebible obstáculo que la naturaleza le ponía por delante. (82)

Si bien para Pound, el poeta no sólo imagina y hace imaginar, no sólo une relaciones, no sólo emplea analogías, sino que presenta sus imágenes para que sean restituidas, cargadas en un primer momento de la intensidad emotiva y visual que las ha generado y, en un segundo momento, cargadas de la irradiación interna, inagotable, que las hace imperecederas, universales: gracias a la consciencia de imaginar, gracias a la fábrica de imágenes en el espíritu del poeta, es posible afrontar la realidad, apropiársela e intimar con ella. Esto mismo quedará más claro con la ensoñación poética.

Octavio Paz

Así como Huidobro decía que la imagen es el broche de luz que une las realidades lejanas y esto por sí mismo constituye una revelación, Octavio Paz es el broche de luz que une las poéticas de la imagen en su obra ensayística y poética y revela a su vez su comprensión de la imagen. Sus teorías publicadas en *El arco y la lira* nos dirán un tanto más sobre la imagen y sus exponentes, particularmente los capítulos "Verso y prosa", "La imagen" y "La inspiración". En el primero de ellos, Paz dice que una de las diferencias primordiales entre el verso y la prosa es el ritmo, al hacerlo encontramos una respuesta al surgimiento de la imagen: "el verso libre es una unidad y casi siempre se pronuncia de una sola vez. Por eso la imagen moderna se rompe en los metros antiguos: no cabe en la medida tradicional de las catorce u once sílabas, lo que no ocurría cuando los metros eran la expresión natural del habla" (72). Y agrega:

Casi siempre los versos de Garcilaso, Herrera, Fray Luis o cualquier poeta de los siglos XVI y XVII constituyen unidades por sí mismos: cada verso es también una imagen o una frase completa. Había una relación, que ha desaparecido, entre esas formas poéticas y el lenguaje de su tiempo. Lo mismo ocurre con el verso libre contemporáneo: cada verso es una imagen y no es necesario cortarse el resuello para decirlos. Por eso, muchas veces, es innecesaria la puntuación. Sobran las comas y los puntos: el poema es un flujo y reflujo rítmico de palabras. (72)

Para muestra recordamos el inicio de *Piedra de sol*, publicado en *La estación violenta* (1948-1957):

> un sauce de cristal, un chopo de agua,
>
> un alto surtidor que el viento arquea,
>
> un árbol bien plantado mas danzante,
>
> un caminar de río que se curva,
>
> avanza, retrocede, da un rodeo
>
> y llega siempre: (47)

Paz es heredero de la poesía moderna, es un poeta contemporáneo que conoce a la perfección esta herencia y se sirve de ella. Puede usar o no la puntuación en su poesía. Utiliza el verso libre o el verso medido cuando lo requiere. Tiene todo el panorama ante su mirada y lo enriquece desde su poesía. Dice que López Velarde es quien

> nos conduce a las puertas de la poesía contemporánea. No será él quien las abra sino Vicente Huidobro. Con Huidobro, "el pájaro de lujo", llegan Apollinaire y Reverdy. La imagen recobra las alas. La influencia del poeta chileno fue muy grande en América y España; grande y polémica. Esto último ha dañado la apreciación de su obra; su leyenda oscurece su poesía. Nada más injusto: *Altazor* es un poema, un gran poema en el que la

aviación poética se transforma en caída hacia "los adentros de sí mismo", inmersión vertiginosa en el vacío. Vicente Huidobro, el "ciudadano del olvido": *contempla de tan alto que todo se hace aire*. Está en todas partes y en ninguna: es el oxígeno invisible de nuestra poesía. (96)

Estas diferencias y relaciones que Paz encuentra entre los géneros literarios o entre poesía y narrativa las adquiere de la convergencia de otras literaturas con la nuestra.

La poesía moderna de nuestra lengua es un ejemplo más de las relaciones entre prosa y verso, ritmo y metro. La descripción podría extenderse al italiano, que posee una estructura semejante al castellano, o al alemán, mina de ritmos. Por lo que toca al español, vale la pena repetir que el apogeo de la versificación rítmica, consecuencia de la reforma llevada a cabo por los poetas hispanoamericanos, en realidad es una vuelta al verso español tradicional. Pero este regreso no hubiera sido posible sin la influencia de corrientes poéticas extrañas, la francesa en particular, que nos mostraron la correspondencia entre ritmo e imagen poética. Una vez más: ritmo e imagen son inseparables. Esta larga digresión nos lleva al punto de partida: sólo la imagen podrá decirnos cómo el verso, que es frase rítmica, es también frase dueña de sentido. (97)

Para Octavio Paz, las imágenes poéticas son más que *productos imaginarios*: "Conviene advertir, pues, que designamos con la palabra imagen toda forma verbal, frase o conjunto de frases, que el poeta dice y que unidas componen un poema" (98). Y al igual que Reverdy y Huidobro, Paz dice sobre las realidades ajenas, opuestas o distantes que la imagen vincula:

Cierto, no en todas las imágenes los opuestos se reconcilian sin destruirse. Algunas descubren semejanzas entre los términos o elementos de que está hecha la realidad: son las comparaciones, según las definió Aristóteles. Otras acercan "realidades contrarias" y producen así una "nueva realidad", como dice Reverdy. Otras provocan una contradicción insuperable o un sinsentido absoluto, que delata el carácter irrisorio del mundo, del lenguaje o del hombre… […] Otras nos revelan la pluralidad e interdependencia de lo real. (111)

Épica, dramática o lírica, condensada en una frase o desenvuelta en mil páginas, toda imagen acerca o acopla realidades opuestas, indiferentes o alejadas entre sí. Esto es, somete a unidad la pluralidad de lo real. […] Al enunciar la identidad de los contrarios, atenta contra los fundamentos de nuestro pensar. (98-99)

Es así como sucede con las *piedras ligeras* y las *plumas pesadas*, en que se afirman "los tres tiempos del proceso": 1º. Las piedras son pesadas, 2º. Las plumas son ligeras y 3º. El vínculo que logra la imagen poética cuando el poeta dice *piedras ligeras* y *plumas pesadas*. Además de estas contradicciones válidas para la poesía gracias a la imagen, Paz indica que la imagen puede hallarse "desenvuelta en mil páginas", de manera que *La Ilíada* es una imagen poética compuesta de muchas otras imágenes poéticas, es decir, aquellas obras donde se unifican fuerzas contrarias, donde las realidades irreconciliables se reconcilian, son asimismo imágenes, no exclusivamente las representaciones visuales de las personas o las cosas evocadas por un momento en la memoria o en la imaginación en uno o treinta versos, gracias también al vínculo que sostiene con el ritmo, pues el ritmo, como ya vimos, mantiene correspondencia con la imagen. "Libros como *Los cantos de Maldoror, Alicia en el país de las maravillas* o *El jardín de los senderos que se bifurcan* son poemas. En ellos la prosa se niega a sí misma; las frases no se suceden obedeciendo al orden conceptual o al del relato, sino presididas por las leyes de la imagen y el ritmo. Hay un flujo y reflujo de imágenes, acentos y pausas, señal inequívoca de la poesía" (72).

Es necesaria aquí una pequeña recapitulación.

Octavio Paz expande la imagen poética en diversos niveles. Unifica a la imagen con el ritmo y con la prosa, es decir, además expande la imagen que une las realidades opuestas más allá de las analogías de la poesía, las abre a las realidades y a las dialécticas que pueda haber en toda literatura. De ello deducimos la siguiente:

Expansión de la imagen poética de acuerdo a Octavio Paz:

- Ritmo – flujo y reflujo de imágenes, acentos y pausas

- Analogías – realidades y dialécticas, unidad de la pluralidad

- Géneros literarios y poéticos – prosa, épica, dramática o lírica

Es *como si* la imagen se bastara a sí misma para ser, en cualquier género o no precisamente en alguno en particular invariablemente, siempre y cuando uniera pluralidades según el ritmo. Ahora bien, también para Bachelard: "La imagen sólo puede ser estudiada mediante la imagen, soñando las imágenes tal como se reúnen en la ensoñación. Es una falta de sentido pretender estudiar objetivamente la imaginación, puesto que no recibimos realmente la imagen si no la admiramos. Ya cuando comparamos una imagen con otra, corremos el riesgo de perder la participación en su individualidad" (*La poética de la ensoñación* 86).

Es decir, es necesaria la palabra. La palabra en cualquiera de sus formas, escrita, leída, hablada o escuchada, es el punto de partida para su visión, para su imaginación. Sin la palabra no hay imagen poética. Y quizá lo mejor de esto es que va más allá de ello. "El regreso del lenguaje a su naturaleza original, que parecía ser el fin último de la imagen, no es así sino el paso preliminar para una operación aún más radical: el lenguaje, tocado por la poesía, cesa de pronto de ser lenguaje. […] Nacido de la palabra, el poema desemboca en algo que la traspasa" (111), dice Paz, puesto que va más allá de nuestras creencias y conceptos adquiridos con anterioridad, el poema nos hacer ver de una manera nueva lo que conocemos –en el cuarto capítulo esto quedará muy claro con las ideas que tenemos sobre el paraíso–, y retoma Paz: "Las plumas son piedras, sin dejar de ser plumas. El lenguaje, vuelto sobre sí mismo, dice lo que por naturaleza parecía

escapársele. […] El lenguaje indica, representa; el poema no explica ni representa: presenta"
(112).

Otro aspecto en que confluyen las poéticas de Paz y Pound y que podemos relacionar
entre los autores tratados aquí, es la restitución de la imagen entre poeta y lector: "La imagen no
explica: invita a recrearla y, literalmente, a revivirla. El decir del poeta encarna en la comunión
poética" (113). Y en tal comunión es en donde Paz se presenta con su broche luminoso en cuanto
al acto de creación que es energía, fuerza, movimiento:

> El surrealismo se presenta como una radical tentativa por suprimir el duelo entre sujeto y
> objeto, forma que asume para nosotros lo que llamamos realidad. […] La empresa
> surrealista es un ataque contra el mundo moderno porque pretende suprimir la contienda
> entre sujeto y objeto. […] El mismo ácido que disuelve al objeto disgrega al sujeto. […]
> La poesía la podemos hacer entre todos porque el acto poético es, por naturaleza,
> involuntario y se produce siempre como negación del sujeto. La misión del poeta consiste
> en atraer esa fuerza poética y convertirse en un cable de alta tensión que permita la
> descarga de imágenes. Sujeto y objeto se disuelven en beneficio de la inspiración. […]
> [Así lo vemos en los versos finales de *Himno entre ruinas* en *La estación violenta*:
> "Hombre, árbol de imágenes, / palabras que son flores que son frutos que son actos." (12)]
> No hay escape, excepto el vuelo por el techo: la imaginación. La inspiración se manifiesta
> o actualiza en imágenes. Por la inspiración, imaginamos. Y al imaginar, disolvemos sujeto
> y objeto, nos disolvemos nosotros y suprimimos la contradicción. […] Gracias a esta
> trasmutación, la inspiración deja de ser un misterio indescifrable, una vana superstición o
> una anomalía y se vuelve una idea que no está en contradicción con nuestras concepciones
> fundamentales. (171-172)

Inherente a la inspiración y a la imaginación no olvidemos la emoción. Al inspirarnos y al imaginar somos presa de la emoción, tal vez no siempre y no necesariamente, sin embargo, con frecuencia la emoción consigue encender o acelerar estos motores de la creación.

Obtenemos así otra de las explicaciones sobre la transformación y concepción de la imagen al inicio del siglo pasado, debido en parte al trabajo sobre el yo y al surrealismo, sus preceptos y consecuencias. Por último, Paz continúa con la restitución y expansión de la imagen:

Restitución:

Una vez escrito el poema, aquello que él era antes del poema y que lo llevó a la creación – eso, indecible: amor, alegría, angustia, aburrimiento, nostalgia de otro estado, soledad, ira– se ha resuelto en imagen: ha sido nombrado y es poema, palabra transparente.

Después de la creación, el poeta se queda solo; son otros, los lectores, quienes ahora van a crearse a sí mismos al recrear el poema. (168)

Expansión:

"El lector, como el poeta, se vuelve imagen: algo que se proyecta y se desprende de sí y va al encuentro de lo innombrable. En ambos casos lo poético no es algo que está fuera, en el poema, ni dentro, en nosotros, sino algo que hacemos y que nos hace" (168). Misterio de la creación más resuelto o (además) más expandido:

Lo poético no está en el hombre como algo dado, ni el poetizar consiste en sacar de nosotros lo poético, como si se tratase de "algo" que "alguien" depositó en nuestro interior o con lo cual nacimos. La conciencia del poeta no es una caverna en donde yace lo poético como un tesoro escondido. Frente al poema futuro el poeta está desnudo y pobre de palabras. Antes de la creación el poeta, como tal, no existe. Ni después. Es poeta gracias al poema. El poeta es una creación del poema tanto como este de aquel. (168)

El resultado es una:

Prolongación de la expansión de la imagen poética:

• Poeta y lector – al recrearse son imágenes

• Misterio de la creación – inspiración e imaginación entre sí

Para Bachelard: "Desde el momento en que un poeta le da a una imagen particular un destino de grandeza, un cosmos particular se forma alrededor de la imagen. El poeta le da al objeto real su doble imaginario, su doble idealizado. Este se vuelve inmediatamente idealizante y así nace un universo de una imagen en expansión" (*La poética de la ensoñación* 264). Creamos otros mundos en nuestro mundo. Con esto no quiero decir que usemos imágenes o la imaginación para escapar de la realidad, más bien vemos otras realidades.

En conclusión, al ser una parte importante del poema –el poema del poeta, el poeta de su entorno–, la imagen poética está ligada a varios aspectos, de modo que la manera más consciente de conocer una imagen poética es observarla directamente, pues *la imagen se explica a sí misma*, y parece en momentos indiscernible por completo si no es creándola y recreándola desde ella misma, desde nosotros, cada uno.

2. El sueño y la ensoñación *maquillándose para la muerte*

En *La poética de la ensoñación* Bachelard llega a la cumbre de su pensamiento y de su teoría respecto a lo que él concibe como una fenomenología de la imagen poética y, más aún, la fenomenología de la imaginación. Tan sólo con sendos nombres es posible darnos cuenta de que estaremos tratando con hipótesis inagotables en unos cuantos capítulos o en unos cuantos meses. Iremos paso a paso en esta poética, al mismo tiempo que vemos imágenes poéticas para conocer ambas. El significado de la imagen y la ensoñación poéticas está en todos los capítulos. El camino será deducir de lo general a lo particular; de la imaginación, de la ensoñación, a la imagen. Sin principio ni fin. La imagen que buscamos no representa el fin, debido a que puede ser un principio o una continuidad. Bachelard no puso punto final. Al contrario, como afirma en esta investigación: "La imagen poética nueva –¡una simple imagen!– llega a ser de esta manera, sencillamente, un origen absoluto, un origen de conciencia. En las horas de los grandes hallazgos, una imagen poética puede ser el germen de un mundo, el germen de un universo imaginado ante las ensoñaciones de un poeta" (10). La fenomenología es un recurso para ver con "nuevos ojos" las imágenes que se han convertido en parte de la vida, "tan sólidamente fijadas en mi memoria que ya no sé si las recuerdo o las imagino cuando las vuelvo a encontrar en mis sueños" (11), de esta manera es posible asistir al origen de la imaginación poética. Más allá de los sueños, mucho más allá, más bien desde la ensoñación consciente y, por lo tanto, se vuelve una ensoñación dinámica que genera imágenes a perpetuidad. El sueño está ahí, la ensoñación hay que buscarla. Para Bachelard, la imagen poética,

> al surgir como un nuevo ser del lenguaje, no puede compararse, para usar una metáfora común, con una válvula que se abre para liberar instintos relegados. La imagen poética ilumina con tal luz la conciencia que es del todo inútil buscarle antecedentes

inconscientes. Al menos la fenomenología puede permitirse tomar la imagen poética en su propio ser, en ruptura con un ser antecedente, como una conquista positiva de la palabra. […] La poesía es uno de los destinos de la palabra. (12)

Agregaría Bachelard que "abre un futuro del lenguaje" (13). En este mismo tenor, en los *Escritos* de Reverdy notamos que hay una consideración semejante tanto en la toma de consciencia como en el destino poético.

Antes de continuar con Bachelard, hay que permitirnos unas palabras acerca de *El tamaño del dolor*, un poemario dividido en tres partes; la primera, *Maquillaje para la muerte*, consta de 24 poemas; la segunda, *Tanto como la tumba*, de 26 poemas y la tercera, *Bajo la sombra del cactus*, también de 24 poemas. En total son 74 poemas reunidos en menos de 90 páginas. La mayoría de ellos son breves y asimismo muy intensos. Cualquiera podría leerlos en una hora o un par de horas. *Podría*, por supuesto, es hipotético. Cada dos o tres poemas es necesario detenerse, cada dos o tres imágenes o cada dos o tres versos, según haya caído en la cuenta el lector de lo que tiene ante sí. Únicamente con leer el índice es fácil percatarnos de que este libro no se lo regalaríamos a un niño, más bien la mayor parte tiene alusiones a la muerte y esto es lo de menos. Leemos tantas veces la palabra muerte de diferentes maneras y sentidos que deja de sorprendernos. Lo mismo sucede con la vida y la libertad, la humanidad. Más que palabras o conceptos, en la poesía y en este poemario en particular son marcas que quedarán en cada lector, y la imagen poética se impregna de ellas para dejárnoslas. Es uno de los trabajos del poeta: ir a buscar su comida, mostrar lo que encontró y comer, compartir y seguir comiendo. Decir algo respecto a la muerte o algunos o cientos de asesinados en México lamentablemente ha dejado de sorprender o impactar la consciencia popular. Siempre hay algo más allá de eso. Tampoco esta es la ocasión para profundizar en las imágenes de los periódicos de absolutamente todos los días, se parecen tanto, podríamos jurar que son las mismas cada mes o cada año y sabemos que no es así.

En *El tamaño del dolor* la muerte también está como un elemento más, como consecuencia, no es el principal, hay algo más, está muy presente y es imposible sustituirla en el papel que le corresponde, sin embargo, esto es lo grave, es una más entre otros, entre nosotros. Puede ser que el dolor más grande provenga precisamente de la toma de consciencia del poeta que ha presenciado el horror junto a su familia, en su propia tierra, que la ensoñación, una palabra tan bella con significados tan hermosos y profundos después de Bachelard, lo haya puesto en una situación en la que debe reconocer y asimilar el terror y encima de ello sobrevivir. Sobre la familia y la tierra hablaremos después. Mientras tanto, analizando por partes, tenemos que en una buena medida de los poemas de *Maquillaje para la muerte*, los sueños son evocados al igual que la muerte como algo que tampoco le pertenece ni puede controlar ni son los elementos principales, se han vuelto pesadillas o ya ni siquiera son para la humanidad, han sido invadidos, ocupados, arrebatados. En *Asesinos en serie* dice Xhevdet:

> Estos que matan son ángeles
>
> Bajo el peso de la maldición del pecado de la mierda humana
>
> Asesinos en serie de los sueños
>
>
> Llega la mañana vestida de blanco
>
> Como la vieja bailarina borracha
>
> Recoge por las plazas palomas asesinadas
>
>
> La gente despierta despacio
>
> Quien no se orinó en el sueño
>
> Se orina ahora (22)

Los asesinos de los sueños son ángeles o son bestias, un ser humano no podría matar los sueños de otro ser humano. En una noche de ocupación, si no te orinas mientras duermes, en sueños, te orinas al despertar, consciente. En estos poemas la ensoñación está presente por encima de los sueños. Desde luego, a ella le debemos el poema, más que a la emoción y más que a la imagen, pues ambas surgen después, son provocadas por aquella, las ha activado y las presenta en la memoria del poeta. Para Bachelard:

> Ante las imágenes que nos proporcionan los poetas, ante esas imágenes que nunca nosotros habríamos podido imaginar por nuestra cuenta, esta inocencia del maravillarse es muy natural. Pero si vivimos con pasividad ese maravillarnos, no participaremos demasiado profundamente en la imaginación creadora. La fenomenología de la imagen nos pide que activemos la participación en la imaginación creadora. (14)

De esta manera, orinados de miedo, vemos palomas asesinadas en una blanca mañana, impedidos de tener sueños, en sentido idílico. Al final de *Noche tras noche* dice Xhevdet:

> Dame una botella de aguardiente
>
> No quiero recordar una noche más
>
> Con los sueños arrinconados contra el paredón de fusilamiento (23)

Otra vez va más allá de los sueños y de sí mismo, al activar la imaginación creadora mediante algo tan ambiguo como los sueños puestos contra algo tan preciso y tangible como el paredón de fusilamiento. Pasa algo similar al final de *Alma mía*:

> Se me atoraron los versos en la garganta
>
> Y los sueños de quienes duermen en mi corazón
>
> Como muertos (24)

Aquí emplea el sentido figurado, es una imagen también cargada de ambigüedad, de este modo es posible darle un lugar a los seres amados en la consciencia, en el poema. En *El tiempo detenido*, "en la Plaza de la Paz":

La gente alrededor vomita los sueños

Como frutas tiernas (25)

En estos versos, además de los elementos señalados en los poemas anteriores, la imaginación se activa mediante la oposición de contrarios, las relaciones distantes entre lo desagradable y lo agradable, aunque se trate de los sueños, quizá más aún por eso, se contrapone el vómito a las frutas tiernas. Nos deja la duda a la imaginación: ¿cómo se vomitan las frutas tiernas? Al principio de *Locura normal*:

La tierra gira en la punta del dedo de un loco

Pájaros extraños acompañan la noche

Las puertas de las casas nos fuerzan a abrir

En la ventana los sueños se suicidan

No queda niño que logre dormir (26)

El placer de soñar está negado incluso para los niños, no sólo soñar, sino dormir. Los sueños adquieren otra dimensión, como si tuvieran vida propia, como algunos la tienen, pero como si los sueños cobraran consciencia del horror, los sueños se suicidan. Esta imagen poética de la tierra en manos de un loco detona la emoción y hace posible el poema, lo sostiene. Sin el primer verso, sin la imagen precedente, la ambigüedad es demasiada y la imaginación no tiene de dónde asirse, anclarse a nuestra consciencia. En *Los sueños del ángel*:

Apenas puso los pies en la tierra

Entró en la primera cantina

Bebió doce güisquis y murió

Y los ángeles tienen pesadillas

Cuando bajó por segunda vez

Bebió nueve vodkas y no supo que debía pagar

La gente le cortó las alas

Desde entonces tiene miedo de dormir

Tiene miedo de soñar algo humano (30)

Si bien existe en este poema algo irreal, extraño, ficticio o maravilloso o algún adjetivo de esa naturaleza, evidentemente la intención no es hacer literatura fantástica o un poema de fantasía. La carga poética está puesta en los elementos contrarios o distintos, distantes, que se ven involucrados en la misma imagen poética, sin depender por completo de la idea que cada uno tenga de los ángeles o de lo divino, hasta lo sagrado, lo que aparece a la consciencia es un choque entre lo que conocemos desde siempre como algo positivo y algo negativo. Insisto, encima de la muerte, el acto humano, y después, el idilio del sueño es truncado por la propia humanidad que puede ser capaz hasta de acabar con los sueños de algo que incluso estaría lejos de su alcance, hasta con eso, sobrepasa lo humano para deshumanizarse y destruir lo que tenemos conocido como bueno. Destaco que va por encima de lo que se entienda como angelical o divino, esto es un ataque al hombre mismo, empezando por sus sueños y lo que lo humaniza.

Uno de los últimos poemas de esta primera parte, *Tienes derecho a soñar*, debemos verlo completo, en él predomina la emoción y la realidad, no hay ambigüedad ni fantasía y Xhevdet implora por los sueños, aquellos sueños que hemos visto cómo acabar con ellos, se reafirma como ensoñador:

Sonríes en sueños

Mi pequeño mi único

Afuera cae nieve

Que calienta las tumbas nuevas

Si los aviones militares

Han expulsado a las palomas del tejado de nuestras casas

Tú sueña

Tú tienes derecho a soñar

Si tu abuelo es un perseguido político

Tú sueña que te toma en su regazo

Si han echado a tu padre del trabajo

Tú sueña el beso el chicle que te traje

Si mamá no puede titularse

Porque cerraron la universidad

Tú sueña su bata blanca

Su rostro de ángel

Olvida aviones policías muertos apaleados

Tú aún no has cumplido cinco años mi pequeño

Tú tienes derecho a soñar

Soñar

Soñar

Soñar

Maldita sea (31)

En este poema se mantiene a la realidad intacta, no se mezcla con la ambigüedad ni con la ficción de otros poemas precisamente para entender y ver sólo lo que las cosas nombradas dicen en el sentido literal de la palabra. Aviones, policías y muertos son eso. No es el avión de la libertad, no es el policía del miedo ni los muertos que hablan o que nos escuchan. Se despoja a este poema de toda figura retórica, incluso en *Su rostro de ángel*, tal vez pueda interpretarse como una metáfora, aunque parece una forma lexicalizada como dientes de perla o cabello de oro, en realidad no alude a la ficción, en beneficio de la máxima comprensión de sus palabras.

Es evidente el contexto en que son escritos los versos anteriores, podríamos conseguir información precisa al respecto, sin embargo no agregaría más a lo que obtenemos de este poema, porque tampoco se trata de hacer confesiones o psicoanálisis, más bien se trata de dar versos correspondientes a lo que se quiere decir y dar a entender, *dar a ver*. "Una *imagen* presenta un complejo intelectual y emotivo en un instante temporal" (*El arte de la poesía* 8), recordamos a Pound. Dicho de otro modo, *La mariposa de la muerte, los piojos de la humanidad* y *las paredes del sueño*, son imágenes que pueden mantenerse con una carga visual. Algo también de igual importancia es que se sostienen de una lengua a otra, recordando las palabras de Pound, *puede ser traducida casi, o completamente, intacta* (41), debido a la restitución. Un drogadicto en un bar nos dice menos que un ángel drogadicto en un bar. Es una forma de poner la divinidad en otro sitio o verla también desde otro ángulo. Además, sin duda, lo feo, lo reprobable, lo desagradable, adquiere en varios poemas propiedades agradables, aceptables. Pueden volverse aceptables. Qué más da. Si un hombre corta el seno de una mujer, ¿por qué un ángel no habría de bajar a un baño a orinar y drogarse?

En 1970 fue publicado *El derecho de soñar*, la serie de ensayos que constituye este volumen fue publicada entre 1942 y 1961 en diversos espacios. Años después de la muerte de

Bachelard se compilaron y publicaron. Sin embargo, es admirable la fluidez y la naturalidad que los hila, como si el propio autor así lo hubiera deseado. Desde luego, la temática es variada y sólo traeremos al caso algunos puntos relacionados a la ensoñación de las imágenes poéticas. Así pues, una vez que han quedado asentadas "las bases sólidas para un filósofo que se concede el derecho de soñar" (111), Bachelard asegura sobre la poesía eluardiana, ejemplo de su propuesta de ensoñación:

> Crear una imagen es en verdad 'dar a ver'. Lo que estaba mal visto, lo que estaba perdido en la perezosa familiaridad, en lo sucesivo es objeto nuevo para una mirada nueva. La mirada que ha recibido la claridad eluardiana consume un pasado inútil; ve el porvenir inmediato en la belleza de las imágenes. […] En una imagen que viene en el momento preciso a reanimarlo, a transmitirle la vida de la inteligencia y del corazón, para usted está viva la vida que aumenta por el solo hecho de que vuelve a empezar, de que vuelve a empezar con fuerzas jóvenes y depuradas a fuego. (170-173)

Sobre la propia ensoñación y los sueños que hemos tratado antes: "Soñar difícilmente concuerda con ver: quien sueña con demasiada libertad pierde la mirada, quien dibuja demasiado bien lo que ve pierde los sueños de la profundidad" (185). Por último, sobre el dinamismo inherente de la imagen: "el mundo es intenso antes de ser complejo. Es intenso en nosotros. Y si se obedeciera a las imágenes dinámicas, a las imágenes que dinamizan nuestro ser, se sentiría mejor esa intensidad, esa necesidad íntima de proyectar un universo" (235).

Continuemos con *El tamaño del dolor* para concluir este análisis sobre el sueño y los sueños que predominan al inicio del poemario. En *Sueño o vigilia* es el último poema de la primera sección en que Xhevdet alude a los sueños, en un verso dice: "Ellos vinieron a mi sueño sin anunciarse", refiriéndose a un tipo de bestia que no puede ser algún humano, después lo veremos en otros poemas. Algo recurrente en la poesía de Xhevdet es "las paredes del sueño", en varias ocasiones se refiere a estas paredes para invocarlas, ruega por ellas, volver otra vez a descansar entre ellas y soñar en el sentido más común de la palabra, pues ya nada es común, recordamos que la locura es más normal y soñar se ha vuelto imposible a causa de aquellas bestias, no de los humanos. Los humanos no, hay que reiterar que los humanos no, no somos capaces, si tenemos un poco de esa consciencia es imposible, por decir lo menos, escupir a otro humano, no digamos meternos en sus sueños, cómo podríamos: "Despedacé las paredes del sueño con el grito", "Mi sueño   vigilia de quién era" (32). Esta insistencia de la humanidad en Bajraj surge de la consciencia misma, tener consciencia nos humaniza. Y soñar, bendita sea. Ensoñar poéticamente como dice Bachelard, pues lo poetiza, lo hace poeta. El poeta es así un súper hombre que sabe que sueña y ensueña, hace soñar y ensoñar. Poniéndolo en perspectiva, no podríamos pedirle a una bestia: "Nunca dejes de soñar", sin embargo tal vez sea posible añadir algo a su entendimiento de la humanidad, quizá no lean a Cavafis, pero el entendimiento siempre puede expandirse. La poesía es una vía. Asimismo Bachelard sabe que es imposible que todo lector sea poeta:

> Querríamos, pues, introducir el poder de coordinación y de armonía desde el adjetivo hasta el sustantivo, estableciendo una poética de la ensoñación poética, subrayando así, al repetir la palabra, que el sustantivo acaba de ganar la tonalidad del ser. Una poética de la ensoñación poética. Grande, demasiado grande ambición puesto que implicaría darle a todo lector de poemas una conciencia de poeta. [...] ¿No habrá llegado el momento de dejar correr la pluma, de dejar hablar a la ensoñación y mejor aún, de soñar la ensoñación en el mismo momento en que uno cree estarla transcribiendo? (33-35)

El poeta, dice Bachelard, usando las palabras de Mallarmé, le da un sentido nuevo a las palabras de la tribu, gracias a que el hombre capaz de ensoñar "no es más que un soñador" y el mundo de la ensoñación "no es más que un sueño" (240). En *La poética de la ensoñación* dice:

"¡Qué alegría entonces tomarle la palabra al poeta, soñar con él, creer lo que nos dice, vivir en el mundo que nos ofrece al poner el mundo bajo el signo del objeto, de un fruto del mundo, de una flor!" (232) Los poetas, *nos enseñan a soñar* (238), nos llevan al mundo de la soledad, de la ensoñación.

Ahora bien, recordemos que el dinamismo siempre está presente en la imagen poética, son como la tierra y el árbol. Líneas antes fuimos testigos de esta dinámica en las contraposiciones y en las uniones de elementos distantes que hacía Xhevdet en sus imágenes. En los *Escritos* de Reverdy y algunos textos de Huidobro esto ha quedado claro. Advertimos estas relaciones en los poemas *El tiempo detenido* y *Los sueños del ángel*. Volvamos a *El tamaño del dolor*, al primer poema. Decidimos verlo hasta esta parte y no desde un primer momento para analizarlo con los elementos que hemos ido recopilando mediante los autores y las poéticas que nos ofrecen y aclaran el camino. El poema se titula *Si en mi canto*. Es una ensoñación de principio a fin.

> Si en mi canto
>
> El sol nace en el Sur y muere en el Norte
>
> Déjenlo en paz
>
> Si el río corre sin nombre
>
> Déjenlo en paz
>
> El olvido tiene su propia razón
>
> Si la piedra en su reino permanece callada
>
> Déjenla en paz
>
> El fuego aguarda el gran día del regreso

Si en mi canto tropiezan con un ser humano

Un día soleado

Bebiendo agua del río

Con las rodillas sobre las piedras

Déjenlo en paz

Él nació libre (13)

Desde el título podemos apreciar que Xhevdet hace un poema sobre su poética al referirse a "mi canto". Empieza con el condicional "Si" y lo mantiene para abrir cada una de las cuatro estrofas que componen el poema. Es decir, todo es parte de una hipótesis, algo que no sucedió en realidad, históricamente, al contrario de otros poemas que hemos visto donde se evidencia el acontecimiento que parte de la realidad. Sin embargo, no hay fantasía o ficción ni reina la ambigüedad, tiene de cualquier modo una base en la realidad, digamos que podría suceder o ha sucedido e incluso tal vez lo hemos presenciado o protagonizado. En breve, el poema inicia con su poética, continúa con elementos reales tomados de la naturaleza como el río y la piedra mezclados con la ambigüedad del olvido y el fuego, y cierra de nueva cuenta con su poética en donde incluye un hombre bebiendo agua del río. "Mi canto", que aparece del título a la última estrofa, además de su poética es la ensoñación que Xhevdet lleva a cabo para conseguir el poema y las imágenes poéticas, descansa la ensoñación en su canto por completo. No es un sueño ni soñar ni un anhelo. Es la constitución de su obra, en esto cimentará el poemario que estamos por leer, las imágenes que veremos, la emoción que nos entregará y obtendremos. El sol de Sur a Norte, para recuperarlo de Bachelard, es el fuego, el fuego de su obra. El lugar que ocupa el fuego en el inconsciente está ligado no nada más a la ensoñación de imágenes primigenias relativas a su descubrimiento y su conservación en todas las culturas, sino además posee estimaciones amorosas, químicas, físicas y míticas. Incluso tiene vínculos temporales con la vida.

En *Psicoanálisis del fuego* (1938), Bachelard dice: "Si todo aquello que cambia lentamente se explica por la vida, lo que cambia velozmente se explica por el fuego" (17). En este psicoanálisis del fuego, uno de los primeros trabajos en los que Bachelard estudiaría las ensoñaciones como vía de la imaginación poética, se inclina por "descubrir la acción de los valores inconscientes en la base misma del conocimiento empírico y científico" (21). La influencia y el poder del fuego en nosotros son tales que "si el niño aproxima su mano al fuego, su padre le da un palmetazo sobre los dedos. El fuego golpea sin necesidad de quemar" (23). Al mantener al fuego dentro de su canto, dentro del hogar, surgen las primeras ensoñaciones y contemplaciones reflexivas, "no se recibe el bienestar del fuego si no se colocan los codos sobre las rodillas y la cabeza entre las manos. Esta postura viene de lejos" (29). Esto mismo sucedía con los primeros hombres que fueron calentados por el fuego. "La fenomenología primitiva es una fenomenología de la afectividad: fabrica seres objetivos con los fantasmas proyectados por el ensueño, imágenes con los deseos, experiencias materiales con las experiencias somáticas, y fuego con el amor" (67). Según Xhevdet: "El fuego aguarda el gran día del regreso".

Hacia el final de este ensayo, Bachelard lanza uno de los avances de lo que sería su obra respecto a la confrontación que realiza entre las ciencias duras y las ciencias humanas, su particular concepción de imágenes poéticas: "Cuando la imaginación haya «precipitado» los elementos materialistas irrazonados, tendrá más libertad para la construcción de experiencias científicas nuevas" (177). Y viceversa: Cuando la ciencia haya asimilado los elementos que constituyen la imaginación poética, tendrá más libertad para la creación de experiencias poéticas nuevas. En muchos trabajos posteriores, Bachelard se lamenta de que no se haya puesto la debida atención a los poetas y a la poesía. Como buen matemático-filósofo capaz de ensoñar poéticamente propone: "Cada poeta debería dar lugar a un *diagrama* que indicaría el sentido y la simetría de sus coordenadas metafóricas, del mismo modo que el diagrama de una flor fija el sentido y las simetrías de su acción floral. No existe *flor real* sin esta conveniencia geométrica. Igualmente, no existe floración poética sin una cierta síntesis de imágenes poéticas" (182). Desde luego estas no son las últimas palabras de Bachelard acerca del fuego, más adelante veremos otras en su oportunidad.

En la segunda estrofa de *Si en mi canto*: "Si el río corre sin nombre", y en la estrofa final: "Bebiendo agua del río", seguiremos ensoñando con Bachelard, pues no hay ríos quietos. En *El agua y los sueños. Ensayo sobre la imaginación de la materia* (1943), Gaston Bachelard hace un ensayo a fondo sobre lo que representa el agua para el hombre y las imágenes que evoca, desde una concepción vital, maternal, femenina, pura, divina, hasta una percepción mortal, según se trate de aguas tranquilas, claras, primaverales, dulces, turbias, profundas, violentas. "Las imágenes del agua producen en todo soñador las ebriedades de la feminidad" (*La poética de la ensoñación* 100). He aquí otro punto trascendental que Bachelard agrega a la poética: el género. Como todo descubrimiento, ¡había estado ante nuestros ojos!, pero ha de venir alguien a desentrañarlo. El género es de los temas que damos por descontado como asuntos de cada idioma y hasta ahí los dejamos. (Kosovo en albanés es Kosova, veríamos rarísimo que México en algún idioma fuera Méxica, si bien proviene de los mexicas.) Sin embargo, Bachelard nos hace ver más, abre el telón del universo y nos muestra "los sueños y las ensoñaciones, los ensueños y las ilusiones, los recuerdos y la rememoración son otros tantos índices de la necesidad de poner en femenino todo lo que hay de envolvente y de dulce más allá de las designaciones demasiado simplemente masculinas de nuestros estados de alma" (*La poética de la ensoñación* 49). La poesía y el poema, el poeta y la musa, el imaginario y la imaginación, el ícono y la imagen. La tierra y el árbol. El fuego y la lumbre y la llama de una vela. El aire y el viento y el ciclón y el huracán. El mar y la mar. El agua y la agua, "nadar sabe mi llama la agua fría", decía Quevedo. Las aguas. La vida y la muerte, la paz y la libertad. El dolor y el terror, el horror. El género materializa. Es decir, hay un trato de la imagen poética como materia, visible y tangible, que vemos nacer –en fuentes, ríos, mares– y también morir y estancarse. El inconsciente las registra y el poeta las desentraña. Es un inconsciente que sueña día y noche sin descanso, como el transcurso de un río junto al que siempre soñamos. "El amor filial es el primer principio activo de la proyección de las imágenes" (*El agua y los sueños* 177). Entonces el agua representa las primeras sensaciones de amor inagotable y también las últimas, mismas que permanecerán aun después de nosotros: "Contemplar el agua es derramarse, disolverse, morir" (*El agua y los sueños* 77). El poeta utiliza imágenes poéticas para marcar al mundo como si usara hierro al rojo vivo (*El agua y los sueños* 275). "Al seguir en un poeta su ensoñación ante el agua dormida, vamos a encontrar nuevos argumentos a favor de una metafísica de adhesión al mundo" (*La poética de la ensoñación* 295). La ensoñación es constructiva, nos hace ver los elementos materiales en nuestra cotidianidad, los palpamos. Podemos ir al regazo de nuestra madre igual que vamos a las aguas ligeras del río, seguros y bien recibidos. Asimismo, en la pesadez del agua encontramos la muerte, estamos inseguros. En *Boda de un loco* que habían casado "con la Libertad":

> Los dos eran vírgenes
>
>> Y ahora sólo uno vive
>
> En el cauce de las aguas negras
>
> Que engendra el día
>
> Con la cara cubierta por el velo del crimen (36)

En el poema que da título a esta primera parte, *Maquillaje para la muerte*, Xhevdet nos presenta a otra especie de ser vivo en su búsqueda infatigable del ser humano inconsciente, incapaz de soñar y ensoñar, ya no ángel ni bestia:

> Antihumanos con chalecos antibalas a la última moda
>
>> Componen arrullos

Para nuestro sueño mortal (35)

Llegamos a otra parte del camino, el origen de las imágenes, el sitio donde emergen las fuerzas elementales. Es cierto también que en *Si en mi canto* hay cierta invocación del olvido, la pureza y el salvajismo relacionada con la naturaleza, con todo, también hay un trato de las aguas del río ligado a la realidad que cada vez es más difícil ver: alguien bebiendo agua del río, de rodillas, otra "postura que viene de lejos", embriagándose de aquella feminidad que dice Bachelard, nutriéndose de ella, protegiéndose, "Un día soleado", según Xhevdet. El agua que pasa es la vida que pasa. Un ser humano que toma vida del río, libre. Un poeta que espera "en la fila del maquillaje para la muerte", suplica paz y libertad para este y todos los hombres, para un ser humano, dice.

3. La infancia y la tierra ensoñadas *tanto como la tumba*

Ensoñaciones de la infancia

En los 26 poemas que componen esta segunda parte de *El tamaño del dolor* titulada *Tanto como la tumba*, existe una constante ensoñación poética acerca de la infancia y la tierra. Sobre la infancia ensoñada en estos poemas debemos decir que más que la infancia vivida en realidad por Xhevdet, los poemas pertenecen a la infancia de los niños que Xhevdet vio durante la guerra en Kosovo. Se trata de una infancia en crisis, devastada, traumática, arrancada y manchada para siempre en la memoria de quienes la atestiguaron y la sobrevivieron o no la sobrevivieron y la padecieron hasta la muerte. Tampoco es la infancia de sus hijos y estuvo a punto de serlo. Es la niñez de todos, por eso es más grave, se vuelve la niñez de él y la de cada uno de nosotros. Cuando le regalamos algo a un niño se lo regalamos al niño que siempre somos. Fue espantosamente fácil para Xhevdet darse cuenta de lo que sucedía ante su mirada, debido a que él tuvo una infancia feliz entre un hogar seguro, estable y también feliz gracias al trabajo y el cuidado de sus padres y la compañía de sus hermanos, el núcleo familiar. Xhevdet nació en Panoc y creció junto a su familia en Rahovec, una ciudad de Kosovo en la Yugoslavia del siglo pasado que ya no sobrevivió hasta este siglo como un solo país, dividiéndose en siete. En cuanto a Kosovo, consiguió su independencia el 17 de febrero de 2008. En la contracubierta de *El tamaño del dolor* se lee "antigua Yugoslavia". En algunas referencias de distinta naturaleza se indica "ex Yugoslavia". Es muy fácil reconocer lo extraño que sería para nosotros leer en algún lugar del mundo en cualquier texto, por ejemplo, "Guerrero, ex México", o "Jalisco, antiguo México". Con esto destacamos apenas una mínima parte del todo que veremos en los poemas siguientes especialmente sobre la ensoñación de las imágenes poéticas de la infancia y la tierra en esta segunda sección del libro. En el capítulo *Las ensoñaciones que tienden a la infancia* de *La poética de la ensoñación*, Bachelard nos dice que a través de la soledad necesaria para la ensoñación poética el hombre se comunica con la soledad de la ensoñación poética de la infancia: "El niño se siente hijo del cosmos cuando el mundo de los hombres lo deja en paz. Y es así como en la soledad, cuando es señor de sus ensoñaciones, el niño conoce la dicha de soñar que será más tarde la dicha de los poetas" (150). El poeta es eso, paz y soledad, contacto con el cosmos y ensoñación. Para Bachelard:

> Correlativamente, si hacemos un psicoanálisis ayudándonos con poemas, si tomamos un poema como herramienta de análisis para medir su resonancia a distintos niveles de profundidad, a veces conseguimos reavivar ensueños abolidos, recuerdos olvidados. Una imagen que no está en nosotros, una imagen a veces singular, nos lleva a soñar en profundidad. El poeta ha dado en el clavo. Su emoción nos conmueve, su entusiasmo nos anima. (191)

De nueva cuenta debemos insistir en la sacudida que sugiere esta acción meramente poética en la que la infancia se reanima, nos conduce al fondo de nosotros, nos contacta con el alma de aquel momento, se re-*anima*, visitamos nuestra profundidad y la ponemos en movimiento, revive y es muy difícil que vuelva a morir o a quedarse estática, se vuelve útil y el poeta aprovecha para vivirla otra vez. Para Bachelard: "Mientras soñaba en su soledad el niño conocía una existencia sin límites. Su ensoñación no es simplemente una ensoñación de huida. Es una ensoñación de expansión" (151). La maraña de irradiaciones y el cable de alta tensión conducen a la libertad creadora de imágenes poéticas, esta vez con mayor consciencia. El que escribe es un niño grande o un gran niño. En los poemas *Caemos como niños* y *En la frontera*, Xhevdet hace analogías entre niños y ancianos, relacionando estas etapas de la vida en que algunas veces hemos encontrado semejanzas, en el primero dice:

En las calles de la ciudad

Caemos como niños

Nos levantamos como ancianos

Sólo para que nuestras tumbas no queden sin nombre (45)

Al mismo tiempo podemos observar que hay una relación con la tierra en "las calles de la ciudad" y "nuestras tumbas". En el otro poema dice:

Un manojo de flores silvestres de la tumba de Kosovo

Se marchita en la mano cercenada de una doncella

Y por todas las piezas del mosaico de la patria

Se camina sobre la delgada línea de la vida

Algunos ancianos cargan a los niños

Algunos niños cargan a los ancianos sobre la espalda (46)

En estas líneas se funden la tierra y la patria y los niños y los ancianos. Esta vez es más claro en "la tumba de Kosovo" y "las piezas del mosaico de la patria". Se encuentran "En la frontera", y quien ha estado en alguna frontera sabe que la tierra y la patria se sienten más. Por otro lado, la tierra y la infancia están muy ligadas. Sería difícil hablar de una infancia sin una tierra o sin una patria, hay personas afortunadas que tienen más de una patria y una infancia muy rica en este sentido, sin embargo, no ha de tener muchas tierras, la infancia requiere la estabilidad de la tierra. Después nos adentraremos en las ensoñaciones de la tierra, por ahora nos mantendremos en la ensoñación de la niñez. "Así, las imágenes de la infancia, las que un niño ha podido crear, las que un poeta nos dice que un niño ha creado, son para nosotros manifestaciones de la infancia permanente. Son imágenes de la soledad. Hablan de la continuidad de las ensoñaciones de la gran infancia y de las ensoñaciones del poeta", (152) asegura Bachelard. Una buena medida del tamaño que ha alcanzado el dolor en estos poemas se debe a ello. El poeta es consciente de que el niño de su patria no podrá ensoñar ni un sueño ni un ensueño más. En *El más pequeño habló* abre el poema una imagen poética simplemente para ensoñar y sostenernos, después, un mazazo de realidad:

El cielo estaba repleto de nubes hinchadas

Nadie sabía lo que iban a parir

Abro un diario y leo

"… el viejo gritó el nombre de su primer hijo

no obtuvo respuesta

    Del segundo…

del tercero…

…del sexto

En vano"

Los muertos no hablan

"Cuando llamó al séptimo

el más pequeño habló

Papá

estoy vivo

   dijo

y murió" (47)

Una imagen semejante encontramos en *Oda de los soldados enemigos*:

    En el suelo

> Mientras se apagaba la luz de la vida
>
> Fatós Yunichi se abrazó con su hijo
>
> No tengas miedo chiquito
>
> Nos vamos al paraíso (48)

Líneas adelante:

Dos horas necesitó la gente para separar

Al padre y al hijo del abrazo congelado (49)

Son infancias truncadas, infancias que no concluyeron su ciclo, les quitaron ese derecho. "Guardamos en nosotros una infancia potencial. Cuando vamos tras ella en nuestras ensoñaciones, la revivimos en sus posibilidades, más que en la realidad. Soñamos con todo lo que podría haber llegado a ser, soñamos en el límite de la historia y de la leyenda. Para alcanzar los recuerdos de nuestras soledades, idealizamos los mundos en los que fuimos niños solitarios", (153) dice Bachelard. Por el niño del periódico y el hijo de Fatós nada podemos hacer. Ha sucedido lo peor. A Xhevdet le toca conjurar el dolor mediante sus ensoñaciones, al lector compartir el poema y también el dolor, condolerse, y además si es posible, si quedan fuerzas, por qué no, ensoñar desde su soledad hacia su infancia, siempre hay espacio reservado para la memoria de la infancia. Puede suceder que a alguien la ensoñación lo conduzca a una región diferente, aún no reanimada. "En la ensoñación solitaria podemos decírnoslo todo a nosotros mismos", (89) dice Bachelard. De ahí partimos, seguimos el camino. Recordemos todo el tiempo que la ensoñación es activa, y como tal activa y reactiva ensoñaciones. Para Bachelard:

> Soñando con la infancia, volvemos a la cueva de las ensoñaciones, a las ensoñaciones que nos han abierto el mundo. La ensoñación nos convierte en el primer habitante del mundo de la soledad. Y habitamos tanto más el mundo cuanto que lo habitamos como el niño solitario habita las imágenes. En el ensueño del niño, la imagen prevalece sobre todo. Las

experiencias sólo vienen después. Van a contraviento de todas las ensoñaciones de vuelo. El niño ve mucho y bien. La ensoñación hacia la infancia nos entrega a la belleza de las imágenes primeras. (155)

Xhevdet ha encontrado algo de esta belleza en sus ensoñaciones y en sus imágenes un tanto difícil de digerir, es una belleza cargada de horror, por decir lo menos, no obstante, podemos apreciarla y reconocerla. Consigue el poema, entrega emoción, da a ver imágenes poéticas. En *Brillo*:

> En cada cabeza se enfriaba una bala
>
> Con el sol sangrando en la mano
>
> Los niños subieron a las nubes y huyeron
>
> Para crecer en los campos de nuestra añoranza (51)

Esta imagen puede confirmar lo antedicho. La ensoñación nos dirige irremediablemente a la muerte de la infancia, a pesar de ello, esta vez se imponen las nubes y los campos ante las atrocidades de las balas y la sangre. En esta ocasión la infancia no es cortada o el crecimiento del niño no es interrumpido para toda la eternidad por los horrores de la guerra. "Los niños subieron a las nubes y huyeron." Desde luego ensoñamos con el poeta, no sabemos cómo subieron los niños a las nubes, aún así terminamos la imagen para nosotros, llenamos estos espacios de indeterminación por medio de la emoción. De las nubes a los campos es más fácil, el agua tiene sus maneras, ¿pero de la tierra a las nubes? Nos queda el fuego y el aire, a escoger. En un poema de Celan no hay opción, el fuego, demasiados indicios lo confirman. En esta imagen, el aire. En cada poema el poeta debe tomar muchas decisiones, como lectores también hay que asumir responsabilidades y decidir. Vamos con Bachelard a *El aire y los sueños. Ensayo sobre la imaginación del movimiento* (1944) para confirmar nuestra hipótesis: "Queremos siempre que la imaginación sea la facultad de *formar* imágenes. Y es más bien la facultad de *deformar* las imágenes suministradas por la percepción y, sobre todo, la facultad de librarnos de las imágenes

primeras, de *cambiar* las imágenes" (9). La imaginación surge cuando somos capaces de cambiar

las imágenes. Imagino (cambio la imagen), luego existo. "El poema es esencialmente una

aspiración a imágenes nuevas" (10). O sea que asistimos a las palabras para imaginar más que

para ver imágenes. Mejor: quedémonos con ambas. Imaginación sin imágenes, imposible.

Imágenes sin imaginación, inútil. "Imaginar es ausentarse, es lanzarse hacia una vida nueva"

(12). "La imaginación es el principio de la eterna juventud" (64). "Es la fuerza de unidad del

alma humana" (190). Bachelard descubrió que "la fisiología de la imaginación, más aún que su

anatomía, obedece a la ley de los cuatro elementos" (17). En el aire encuentra también otra

manera de animar al alma de un poeta hacia la ensoñación natural; en este sentido, el movimiento

tiene un papel importante porque nos hace más perceptible el aire.

La imagen habitual detiene las fuerzas imaginantes. La imagen aprendida en los libros,

vigilada y criticada por los profesores, bloquea la imaginación. La imagen reducida a su

forma es un concepto poético: se asocia a otras imágenes del exterior, como un concepto a

otro concepto. Y esa *continuidad de imágenes*, que preocupa tanto al profesor de retórica,

carece a menudo de la continuidad profunda que sólo pueden dar la imaginación material

y la imaginación dinámica.

Por lo tanto, no erramos, a nuestro juicio, caracterizando los cuatro elementos como

hormonas de la imaginación. Ponen en acción grupos de imágenes. (22)

Las imágenes son realidades psíquicas. Después encontraríamos que la primera realidad

psíquica es la imagen (63). En el principio fue la imagen. "Al nacer, al tomar impulso, la imagen

es en nosotros el sujeto del verbo imaginar. No es su complemento. El mundo viene a imaginarse

en los ensueños humanos" (25). Así como Reverdy concebía la imagen poética, para Bachelard

"todas las imágenes verdaderamente poéticas tienen un aire de *operación espiritual*" (56). El poeta debe "activar ligeramente las imágenes para cerciorarse de que el espíritu humano actúa en ellas humanamente, para cerciorarse de que son imágenes humanas, imágenes que humanizan fuerzas del Cosmos" (57). Volviendo a la disyuntiva entre el fuego y el aire, optamos por el aire, queda confirmado por la materia misma. El fuego transforma, el ascenso de los niños sería entre el humo, un ascenso ahumado, más violento y letal. El aire transporta, conduce, el ascenso es más sutil y etéreo, como las nubes, ahí los niños van a estar bien. "La *subida* es el sentido real de la producción de imágenes, es el acto positivo de la imaginación dinámica" (120), agrega Bachelard y señala entonces una poesía vertical y dinámica.

Hacía falta conseguir la libertad que mencionaba Bachelard en la ensoñación de estas imágenes. Eso no es todo, el escape no es todo, sino el refugio "en los campos de nuestra añoranza". Debía ser aquí, en *nuestra* añoranza. La memoria es imborrable, el recuerdo y la nostalgia, pero no a solas como recuerdo y nostalgia en riesgo de perderse en algún lugar de la memoria hasta que determinada emoción las evoque otra vez a nuestra consciencia, sino como parte de nuestra ensoñación poética en donde siempre serán libres, "en los campos" inalcanzables para los buitres. "Para crecer", la ensoñación está viva, continúa, con todo se ha sobrepuesto al terror para instalarse en un punto infranqueable. De regreso a *La poética de la ensoñación* Bachelard dice:

> Sólo cuando el alma y el espíritu están unidos en una ensoñación por la ensoñación nos beneficiamos de la unión de la imaginación y la memoria. Sólo dentro de tal unión podemos decir que revivimos nuestro pasado, que nuestro ser pasado se imagina que revive. Por lo demás, para poder constituir la poética de una infancia evocada en una ensoñación, hay que darle a los recuerdos su atmósfera de imagen. (158)

Encima de todo, sobre las nubes, en campos de imágenes poéticas, el niño y la niñez están a salvo eternamente y son lo que son. Ahora juegan.

Apreciar una imagen poética desde su origen es verla por dentro, es decir, considerarla en un primer momento desde el lenguaje antes de ser poética. Aquí hay una intención por ver de qué manera empezamos a formarnos imágenes en nuestra consciencia a través de la lengua, la educación, la cultura y nuestras relaciones en todos los ámbitos, hasta que somos capaces de identificar diversas imágenes. En este caso, la finalidad es llegar a la imagen poética. Para encarar el siguiente poema de Xhevdet serán útiles algunas palabras de Roland Barthes tomadas de *La Torre Eiffel*. Al final del poema *Manzana blanca* encontramos:

Entre nosotros

El niño come una manzana blanca

Oye   no roja ni amarilla

Porque se vive en blanco y negro (52)

Según ciertos pasajes bíblicos, comer una manzana ha sido la causa de la mortalidad del hombre, digamos que es la primera manzana de la historia de la literatura, al menos de la que tenemos noticia, la más importante en ese sentido; ahora bien, ¿cómo fueron las manzanas que antecedieron a aquella que mordisquearon Adán y Eva? No lo sabemos, y no nos preocupa. Pero es un hecho que ha influenciado en nuestras vidas de varias maneras. A la prominencia masculina en la garganta se le nombra Manzana de Adán; la Bella Durmiente jamás despertará, a menos qué sea besada por un príncipe, a causa de haber mordido una manzana envenenada; una de las principales marcas de teléfonos celulares y computadoras, Apple, presume en su logotipo una manzana mordida; Isaac Newton decía que el golpe de una manzana sobre su cabeza, desprendida de un árbol, le sugirió sus ideas sobre la fuerza de gravedad que los cuerpos ejercen sobre la tierra; New York es vista como la Gran Manzana; pienso además en los alimentos y bebidas a base de manzana que consumimos en la infancia, y las canciones; aunque no siempre sea en un contexto o con una connotación religiosa, o que no sea nuestra fruta favorita, sin duda, la humanidad tiene una historia ligada a alguna manzana. Cuando un niño de cinco años escucha la palabra manzana, tal vez tenga en mente la manzana del desayuno o la manzana que dibujó en la escuela, sus referencias son menos que las de una persona de cincuenta años que tiene en mente otras asociaciones en su vida, voluntariamente o no. Hasta aquí todo va bien, así son las cosas, sin embargo, ¿por qué la mayoría de nosotros cuando escucha la palabra manzana se crea en la mente una manzana roja? Esto es gracias a la abstracción; Barthes dice que:

> Se considera que la imagen concreta llega mejor al público al que se dirige que el lenguaje articulado, cuya vocación sin embargo parece ser efectivamente *la abstracción*. La abstracción reintegrada por el lenguaje es las más de las veces una necesidad absoluta de la concepción, y no solamente en los niveles de la alta inteligencia discursiva: cuando decimos, mediante el lenguaje articulado, *la manzana*, esto presenta la gran ventaja de no referirse a ninguna manzana particular. La comunicación es posible gracias a ello. El lenguaje articulado permite la manipulación de las abstracciones: al decir *la manzana*, lo que manejamos, lingüísticamente hablando, es, si se me permite la expresión, *la manzana en sí*. Pero en cuanto tratamos de traducir esta abstracción a una imagen, por muy esquemática que sea, lo que dibujamos y designamos es siempre una determinada manzana. (*La torre Eiffel* 90)

¿Por qué razón no vemos una manzana azul? Está bien, porque no existen. ¿Qué tal una manzana amarilla o verde, chiquita o enorme? Nunca: debe ser una manzana mediana, del tamaño que quepa en nuestra mano para ser mordida; roja, tampoco rojo pálido, debilucha, pudriéndose, agusanada, incluso si es posible ha de ser rojísima, pero roja; hasta que alguien nos indique lo contrario como acabamos de hacer, lo que significa que en nuestra memoria predomina la imagen de la manzana roja mediana mordisqueable. "El poeta sustituye lo real verdadero por lo real imaginario. Y es el poder, son los medios de elevar ese real imaginario a la potencia de la realidad material, y de excederla transmutándola en valor emotivo, lo que constituye la poesía propiamente dicha" (Reverdy 82).

Ello además significa que cuando leamos un cuento, aunque no esté ilustrado, veremos nuestra manzana, nos persigue. De modo que si el poeta no quiere que su manzana sea guardada en el mismo almacén de todas las manzanas habrá de recurrir a la imagen poética, al oficio de poeta que se dedica a separar las manzanas muertas de las vivas.

Es injusto explicar un poema. Solamente hay que decir que hemos visto una manzana blanca en *El tamaño del dolor* debido a la imagen poética y no es suficiente mencionar que es blanca para que lo sea, es importante presentarla. Las manzanas cosechadas durante la guerra no pueden ser rojas ni dulces, son blancas e insípidas (aunque no hayamos leído algo sobre su sabor, esta lectura nos deja esa sensación y eso también es parte del trabajo de la imagen). En tales circunstancias la vida pierde color y sabor, se vive en blanco y negro al grado de afectar aun a las manzanas. Por otro lado, la imagen cumple una de sus funciones, presenta algo que sin el poeta no veríamos como decía Huidobro, una manzana blanca no roja, o vemos ambas, no sólo una en toda la vida de la imaginación.

Si para Bachelard nunca fue demasiado insistir en las ensoñaciones que tienden a la infancia como una eterna fuente viva de imágenes poéticas que marcan el ánimo, el ánima del poeta y lo llevan a la esencia del ser que ensueña y hace ensoñar, en la segunda parte de *El tamaño del dolor* hay una abrumadora insistencia en el dolor que produce en el poeta la muerte desde la infancia. Tampoco para Bajraj será demasiado insistir en lo contrario por los mismos motivos que impulsaron a Bachelard, por la pérdida de esos motivos que hemos visto. Habíamos advertido que no leemos estos poemas por docena, sin detenernos después de unos cuantos.

Algunas de las primeras líneas de *Melodía con caramillo*, dicen:

El niño toca un caramillo

Hecho con madera de ataúd

Y vomita la melodía de la muerte (53)

En *Perlas rojas I*:

Un niño de trece meses cierra con el dedo

    La herida de su madre asesinada (59)

En *Radio*:

Miro a los niños que duermen

    La muerte los husmea

    Con la cara como un mosaico

    Formado por los rostros de nuestros políticos (64)

En el poema que cierra la sección, por si fuera poco o no tuviéramos demasiado, la infancia es parte de un *Guiso albanés*: "bebés nonatos", "sesos fritos de niños" y "sangre de doncellas violadas" (67). Sobre este poema volveremos al fin de este capítulo. Queda por decir que esta presencia de la muerte en la infancia en la poesía es la manera que ha encontrado Xhevdet para exorcizarla por un lado y para darle una nueva vida por otro. Este dolor y esta muerte no terminan aquí. Es más humano estar de parte de la vida, si bien estamos seguros del papel de la muerte. La infancia no es la mejor etapa para morir. Dice Bachelard:

> La ensoñación es una mnemotecnia de la imaginación. En la ensoñación tomamos nuevamente contacto con posibilidades que el destino no ha sabido utilizar. Una gran paradoja se enlaza con nuestras ensoñaciones hacia la infancia: ese pasado muerto tiene en nosotros un futuro, el futuro de sus imágenes vivas, el *futuro de ensueño* que se abre delante de toda imagen recuperada. (170)

Hasta aquí llegamos con las ensoñaciones de la infancia en *El tamaño del dolor*. Pasemos ahora a las ensoñaciones de la tierra que abundan en la parte intermedia.

Ensoñaciones de la tierra

Después de ver a profundidad las imágenes poéticas de las ensoñaciones de la infancia tan ligadas a la muerte, parecería que hemos pasado por lo más duro que puede vivir el ser humano, sin embargo, en la edad adulta tenemos la consciencia más insistente de la vida y de la muerte, gracias a ella algunas personas disfrutan más la vida o hay otras que temen más la muerte, por sí mismas y por los seres amados. La familia y la tierra están presentes en todo el poemario como las grandes disoluciones de la guerra, separaciones en las que el hombre apenas respira y sobrevive. Muchos perdieron todo, y la vida. *Tanto como la tumba* da cuenta de ello. Las tumbas se cavan y se lloran en la tierra. La imaginación es inmensa, infinita, como nos parece la tierra. En *La tierra y los ensueños de la voluntad* (1947), Bachelard dice: "La primera imagen de la inmensidad es una imagen terrestre" (421). La tumba es inseparable de la tierra y debe estar en la patria. En un poema Xhevdet la llama Matria. Con esto advertimos que la tierra también es la madre y es la casa, no sólo la última morada, sino además la primera, la casa en que comenzamos a ensoñar como destacamos en los poemas anteriores. Tierra + Madre + Casa. En torno a este trinomio analizaremos las imágenes poéticas en esta sección. Se encuentran en otros poemas de la primera y tercera, pero en esta es más decisivo y frecuente del primero al último poema. Así aparece en la primera imagen de *El caballo de niebla*:

> Sujeto a la silla de la cantina
>
> Con clavos de un pensamiento que se sostiene en tequila
>
> Esperaba que la luna o las estrellas derramaran sus granos negros
>
> En el gran reloj de arena
>
> Para ensillar el caballo de niebla de regreso a casa (41)

Esta imagen es producto de una mera ensoñación en la que predomina la ambigüedad. El regreso a casa no sólo es volver al hogar sino a la tierra, y en la ensoñación es posible gracias al caballo de niebla, de esta manera se vuelve una imagen que podríamos ver mejor en un sueño, sabemos que es irreal pero concordamos, quisiéramos un caballo así cuando nos alejamos tanto de casa, nuestras madres rogarían por uno. Para Bachelard:

El mundo real se desdibuja de golpe cuando uno va a vivir en la casa del recuerdo. ¿Qué pueden valer esas casas de la calle cuando se evoca la casa natal, la casa de intimidad absoluta, la casa en la que se ha adquirido el sentido de la intimidad? Esa casa está lejos, está perdida, no la habitamos más, estamos, ¡ay!, seguros de no volver a habitarla nunca más. Es entonces más que un recuerdo. Es una casa de sueños, nuestra casa onírica. (113)

En *Flor de guerra*, reconocemos la tierra porque ahí aguardan nuestros seres queridos:

Si yo no soy de esta tierra

Esta tierra es mía, no cabe duda:

Recuerda los rostros de sus seres queridos (42)

En *Dolor adentro*:

Mañana vamos a amanecer en alguna otra tierra

Con la vida blanqueada como foto desvaída (44)

Tal vez no sobra decir que otra buena parte del dolor en este poema y todo el poemario se debe a la pérdida de la tierra, si no a la pérdida total, por lo menos a la separación y sucede como con las ensoñaciones de la infancia donde se pretende cierto futuro, un soporte para continuar. En el poema *En la frontera* es más evidente, se reafirma al nombrarse:

Un manojo de flores silvestres de la tumba de Kosovo

Se marchita en la mano cercenada de una doncella (46)

¿Cuál es la tumba de Kosovo, específicamente? A nombre de quién está. No es llanamente un agujero en la tierra en alguna parte de Kosovo. ¿Por qué no es la tumba de Yugoslavia? ¿Por qué en todo el poemario no aparece Yugoslavia? Yugoslavia ya no está ni en estas imágenes ni en alguno de estos poemas. Ha desaparecido y se llevó consigo otro gran dolor, no el dolor de estos poemas, otro. En Kosovo permanece y ahí es a donde siempre vuelve Xhevdet, es su tierra, tiene su casa. Más que cualquier casa, un Hogar, con H mayúscula. Es la casa que aparece en sueños, la casa de la infancia, la casa de los tiempos felices. "Así pues, la imagen literaria tiene el privilegio de actuar a la vez como imagen y como idea. Implica lo íntimo y lo objetivo. Que no nos sorprenda, se encuentra en el centro mismo del problema de la expresión" (198), dice Bachelard, y continúa: "No podemos dejar de constatar que las imágenes de la casa, las del vientre, las de la gruta, las del huevo, las de la semilla, convergen hacia la misma imagen profunda. Cuando se escarba en un inconsciente, esas imágenes pierden poco a poco su individualidad para asumir los valores inconscientes de la cavidad perfecta" (231).

En el poema que da título a esta segunda parte anotábamos la referencia a la tierra. En realidad es claro, la sinécdoque, famosa figura retórica que consiste en ofrecer la parte por el todo o el todo por la parte, está empleada en esta imagen:

La tierra se había encogido

    Tanto como la tumba

De algún vivo (50)

En las líneas anteriores se reanima la imaginación al ver que la tumba no pertenece únicamente a los muertos sino a "algún vivo". Kosovo en una tumba. Todas las tumbas, cada una, cada pedazo de tierra, todos sus habitantes, cada paisano, los coterráneos, los lugares que pertenecen a otros pedazos de tierra más grandes, del más chico al más grande, valen por el todo, vale cada parte. No importa cuánto te alejes o si jamás vuelves, ni si te quedas o nunca te vas, vives marcado por la tierra. Fuera de tu lugar natal quizá no te pregunten tu nombre, pero ¿de dónde eres?, es obligatorio. Uno es de. Pertenece. Tampoco importa qué tienes o si te quedas con nada. Mueres en tu tierra y es para siempre. O mueres donde sea pero te entierran en tu tierra. Entierran. En *La vitrina de la muerte*:

> La libertad como gran dama
>
> Tropieza contra las tumbas nuevas
>
> En vano trata de limpiarse con las mangas
>
> El sabor de la muerte impregnado en los labios
>
>
> En la cumbre de las casas en ruinas
>
> Mujeres y hombres
>
> Como urnas vivas en la vitrina de la muerte
>
> Mastican los recuerdos
>
> A lo lejos
>
> En el cielo agujerado por los gritos
>
> Los asesinos se dan condolencias unos a otros
>
> Por quienes quedaron vivos sobre la tierra (55)

Reencontramos de principio a fin a la muerte y la tierra, los asesinos y la libertad. Es necesario destacar que la ambigüedad de los grandes conceptos, ideales, manifestaciones, en estos poemas llegan a nuestra consciencia a través de lo tangible, las cosas reales que todos conocemos en algún momento de la vida en determinadas circunstancias. Cada uno tiene formada alguna idea al respecto, es la base de la personalidad o su humanidad. De manera tal que cuando estamos ante palabras como libertad, según sea el caso, mecánicamente esperamos un contexto para saber qué pensar o qué sentir, respondemos desde nuestras convicciones, opinamos desde lo que hemos sido hasta el momento de recibir la palabra en cuestión. Todo significa algo, esperamos el contexto para saber qué significado tiene para nosotros o si el significado nos abrirá un nuevo camino. Leemos "La libertad como gran dama", y en segundos el pensamiento nos permite poner a la libertad en forma de lo que para cada persona sea una gran dama. Seguimos con "Tropieza contra las tumbas nuevas" y debemos hacer una pausa aunque estemos advertidos de encontrarnos ante un poema, mejor aún, ante una imagen poética, así le quitamos responsabilidad a la poesía y se la damos al poeta y al lector, nos sumerge en la imagen. De antemano sabemos que en poesía todo es posible y todo es válido, si encuentras líneas que te cuesta trabajo asimilar, estás en problemas tú y no el poema, el poeta menos, él ya no está. Te quedaste a solas con la imagen poética. Hay quienes abandonan la poesía y hay quienes la toman. Damos el beneficio de la duda y nos lanzamos a comprender, a relacionar conceptos, dejamos que trabaje el pensamiento, activamos la imaginación. En breve, la dama tropieza contra las tumbas. Lo vimos. Ahora bien, no es cualquier dama, es la libertad. En los grandes conceptos es donde se pone en juego lo que eres y lo que has vivido para comprender el significado. No iremos al diccionario, tenemos una idea al respecto, sabemos qué es, sólo es cuestión de comprender qué quiere decir que se tropieza con las tumbas. Tropezar, tumbas, también sabemos. Tumbas, muerte, lugar donde echan a los muertos. Sin embargo, la libertad, en forma de gran dama, no está muerta y no se quedará en las tumbas, simplemente se tropieza. Es decir, la libertad no ha muerto, pero ¿qué andaba haciendo por ahí, cómo pudo tropezar *contra* las tumbas? Debería de mantenerse lejos. Todo el mundo quiere ser libre. Un pequeño dato más, un adjetivo que nos obliga a detenernos otra vez, nuevas. Tumbas nuevas. Qué pasa con las tumbas viejas, por qué no fue a tropezarse allá. Entonces el problema es nuestro, no de los muertos viejos o agusanados, son tumbas para los muertos frescos, recién hechas, nuevas. Volvemos a la imagen, vamos por más:

En vano trata de limpiarse con las mangas

El sabor de la muerte impregnado en los labios (55)

Hay que llenar otra vez los espacios. Tal vez la libertad usa un vestido con mangas largas, es una gran dama, limpiarse con mangas cortas no se vería mejor. El vestido es negro, anda entre las tumbas. O es blanco, es la libertad, no está de luto, es libre, puede ir de blanco. En cada ensoñación puede variar, en realidad esto no es tan importante como darnos cuenta que tiene los labios impregnados del sabor de la muerte. Su boca sabe a muerte, está impregnada, ella misma la saborea y debe limpiarse. Tal vez también huela a muerte. La libertad está muy cerca de la muerte, es evidente. De esta manera dejamos la primera estrofa y la primera imagen del poema. Seguimos a la segunda estrofa: "En la cumbre de las casas en ruinas". Las casas, los lugares destinados para la vida en la tierra, nos evocan su contraparte, las tumbas, destinadas para la muerte en la tierra. En el apartado anterior mencionamos la relación de las tumbas con la tierra y la patria. Acerca de las casas no es para menos, sino para mucho más, como vimos con *El caballo de niebla*. Ahora bien, estamos en la cumbre de las casas, el problema se agrava, las casas están en ruinas. Bachelard ha consagrado buena parte de su visión al respecto:

Bien lo vemos, cuando se sabe dar a todas las cosas su justo peso de sueños, *habitar oníricamente* es más que habitar por el recuerdo. La casa onírica es un tema más profundo que la casa natal. Corresponde a una necesidad que viene de más lejos. Si la casa natal pone en nosotros semejantes cimientos, es porque responde a inspiraciones inconscientes más profundas –más íntimas– que la simple preocupación por la protección, que el primer calor conservado, que la primera luz protegida. La casa del recuerdo, la casa *natal* está construida sobre la cripta de la casa onírica. En la cripta está la raíz, la pertenencia, la profundidad, la inmersión de los sueños. Nos "perdemos" en ella. Tiene un infinito. Soñamos también con ella como con un deseo, como con una imagen que encontramos a veces en los libros. En vez de soñar con lo que fue, soñamos con lo que debió haber sido, con lo que hubiera estabilizado para siempre nuestras ensoñaciones íntimas. (116-117)

Por consiguiente, la intimidad, la protección, los sueños, los recuerdos, las ensoñaciones, la familia, la patria, están en ruinas. La parte por el todo. "Pero la casa   caray   la nueva casa cómo construirla" (90), dice Xhevdet en otro poema titulado precisamente *Nueva casa*. Comprendemos así la gravedad de situarnos sobre las casas en ruinas. La siguiente línea a "las casas en ruinas" que hemos visto dice "Mujeres y hombres". Nombra antes a las mujeres que a los hombres no por feminismo sino por esta feminidad que apunta Bachelard y encontramos en el poema, además de mujeres, a la libertad, la dama, las tumbas, las mangas, la muerte un par de veces además del título, las casas, las ruinas, las urnas, la vitrina, las condolencias, y para cerrar, la tierra que envuelve todo. En el verso siguiente, las personas "Como urnas vivas en la vitrina de la muerte", está la muerte presente en la vida, las cajas para guardar los restos o las cenizas de los cadáveres están vivas, son las propias personas, depósitos mortales, y por lo tanto, está la vida presente en la muerte, en su vitrina. Las mismas urnas tienen funciones hogareñas, son pequeñas tumbas, últimas moradas, casitas eternas, urnas vivas dentro de la madre tierra, vida en vida entibiando a la muerte. En *La tierra y las ensoñaciones del reposo. Ensayo sobre las imágenes de la intimidad* (1948), Bachelard dice que los lugares que habitamos, donde nos sentimos protegidos, son eternas fuentes de ensoñación y reposo espiritual: "Así pues, una casa *onírica* es una *imagen* que se vuelve, en el recuerdo y en los sueños, una fuerza de protección. No es un simple marco en el que la memoria encuentra sus imágenes. En la casa que ha dejado de ser nos gusta vivir todavía porque en ella revivimos, muchas veces sin darnos bien cuenta, una dinámica de confortación" (138). "Hemos observado varias veces que al fondo de imágenes, las imágenes que una poesía subalterna se negaría a asociar, vienen a fundirse una dentro de la otra mediante una especie de comunión onírica" (197). Un ser vivo dentro de otro ser vivo. Así fundidos en vida y muerte, "Mastican los recuerdos". La imagen se complica un poco. Lo normal es que en la muerte todo termina y no estamos seguros del más allá, sin embargo, la muerte ha cobrado vida en las personas, es vida, peor todavía: recuerdan. ¿Cuáles son esos recuerdos, qué cosas recuerdan? Cosas de la vida, sin duda, pero ¿la vida que tuvieron, la vida que ha terminado para ellos, o como dice Bachelard, "lo que debió haber sido", la vida que pudieron haber vivido? Los recuerdos pueden guardar y reactivar más dolor que la vida o la muerte. Después, posiblemente desde la cumbre de las casas, se ve:

> A lo lejos
>
> En el cielo agujerado por los gritos (55)

Sabemos que medio mundo dispara al cielo y no pasa nada, no se puede agujerar, sin embargo, por los gritos llenos de dolor y muerte, creemos con Xhevdet que sí. En otro poema hemos creído en ángeles que no pagan la cuenta de sus tragos y la gente les corta las alas, por qué no creeríamos que nuestros gritos rompan el cielo en agujeros. Entre tanto dolor por todos lados, de la tierra al cielo:

> Los asesinos se dan condolencias unos a otros
>
> Por quienes quedaron vivos sobre la tierra (55)

Hemos llegado al límite del dolor, hasta que deja de doler o ya no puede doler más, ahora el dolor es para los asesinos, entre ellos se conduelen. Los vivos, seres humanos no asesinos, están todos en la misma situación y no puedes darle el pésame a alguien mientras tú sufres lo mismo o algo peor. Han quedado vivos "sobre la tierra". La tierra sigue ahí, se mantiene, es posible hablar de ella, está viva y es inmortal, como la madre de todos. En los fragmentos de los poemas siguientes, Xhevdet vuelve al país natal, en *La jaula del pecho*:

> Con los retoños quebrados de la vida
>
> El águila de la bandera

Teje un nido sangrante para los huérfanos (56)

En *Muñecas*:

Muero oye muero de añoranza

Por los Vivos

Por los Muertos tuyos Kosovo

Pero… bueno

Los que escriben la poesía más bella

Los que mejor la cantan

Son los que viven muriendo (57)

Para Bachelard:

El regreso al país natal, el retorno a la casa natal, con todo el onirismo que lo dinamiza, ha

sido caracterizado por el psicoanálisis clásico como un *regreso a la madre*. Esa

explicación, por legítima que sea, es no obstante demasiado masiva, se adhiere demasiado

pronto a una interpretación global, borra demasiados matices que deben esclarecer en

detalle una psicología del inconsciente. Sería interesante aprehender bien todas las

imágenes del *regazo materno* y examinar el detalle de sustitución de las imágenes. (139)

Entonces Bachelard concuerda con esta interpretación, aunque aclara que hay matices que

están por verse, no podemos guardar todo en el mismo cajón del psicoanalista y retirarnos a

dormir. En las líneas anteriores, Xhevdet complica esta teoría o la aplica a su obra poética, como

vimos en el primer poema *Si en mi canto*; en *Muñecas* la tierra es el país natal y es la madre y el

canto, la poesía y su hogar. Vive y muere de añoranza por los Vivos y los Muertos de su tierra,

vive muriendo y cantando, haciendo poesía. Además de su casa natal, su hogar es el poema, su

última morada. Su refugio, la imagen poética, de ahí con nada lo sacas. Todos los poemas de *El tamaño del dolor* tienen imágenes poéticas. La poesía es vida que habita en el poeta. Vida dentro de la vida. Por estas razones vemos ensoñaciones de la tierra aunadas tanto a la muerte y a la resistencia del fin que supondría la muerte. Es un enfrentamiento en el que la hoguera –la palabra hogar de aquí viene– de la poesía arroja su calor y cobija. En *Anillos*:

> Sobre las tumbas de los caídos
>
> Los animales mascan
>
> Nuestro futuro (58)

En *El collar de la muerte*:

> Con el cabello teñido de blanco
>
> Engalanada con el collar de la muerte
>
> Mi tierra se peina sobre la tormenta que duerme (62)

En esta última imagen, incluso bajo cero y con amenaza de "mal" tiempo con la muerte al cuello de la tierra, la hoguera de la poesía abriga en sus ensoñaciones al poeta. Es la casa perfecta para ensoñar a solas, más que el espacio físico-natal, el onírico que proyecta ensoñar. Para Bachelard: "La casa oníricamente completa es la única en la que se puede vivir en toda su variedad las ensoñaciones de intimidad. En ella se vive solo, o dos, o en familia, pero sobre todo solo. Y en nuestros sueños de la noche, hay siempre una casa en la que uno vive solo" (121). De otro modo sería imposible hacer poesía lejos de la tierra natal, de casa o de la familia. No sólo la poesía. La vida, calor puro, sería imposible. En *Jirón del día asesinado* destacamos ambas ensoñaciones que hemos tratado en este capítulo, la infancia y la tierra. En un poema no puede ser más claro:

> Junto a la artillería pesada del odio
>
> En la niebla ennegrecida desde hace tanto tiempo
>
> A los humanos nos crecen uñas y dientes

A los humanos nos empequeñecen las muertes

Frente a la tumba abierta de la libertad

Frente a la patria arrodillada

Mastico un jirón del día (del viernes me parece)

Que mató el vecino con su escopeta

Tarareo para mí mismo una canción del Este

El eclipse de la tumba nunca voy a aceptar

Por la patria siempre me habré de levantar

Los niños duermen

Y deben dormir

Lejos del miedo de las lágrimas del dolor

Lejos de él

Que sacude las palomas del árbol de la vida

Y se las come vivas

Frente a mis ojos arrancados (43)

Además de estas ensoñaciones, en este poema es donde más se acerca Xhevdet a mencionar algo de Yugoslavia cuando se refiere a "una canción del Este", Europa del Este, Yugoslavia. Por otra parte, surge otra duda sobre la identidad "de él / Que sacude las palomas del árbol de la vida". No es el vecino que asesinó el día. En medio de esta ambigüedad tal vez se trate del mismo día, aunque parece difícil que el día asesinado coma palomas vivas. Lo más seguro es que sí sea el vecino, él existe y tiene una escopeta real, ingresa en la ambigüedad al asesinar al día, entonces podría sacudir "palomas del árbol de la vida". Si bien la imagen sea visible y esté "terminada" o el poeta la dé por terminada y la presente, a veces el poema no nos resuelve todas las dudas, inquieta, deja de tarea. Preguntarle al poeta sirve poco, la duda está sembrada, no importa qué me diga después, tengo leída mi versión y habremos de resolver algún día de qué se trata. Además, aquel que tiene voz en primera persona, ¿por qué tiene los ojos arrancados? No hay referencias a Edipo, nada lo indica. ¿Cómo fueron arrancados, se los arrancó o se los arrancaron? Hay dos voces, en tercera persona: "nos crecen… / nos empequeñecen…" a nosotros, a todos, y en primera persona: "Mastico… / Tararea… / Frente a mis ojos…" a *mis* ojos, míos. No voy a preguntarle a Xhevdet, es cosa del poema.

Guiso albanés, uno de los poemas mencionados en la parte de las ensoñaciones de la infancia, es el poema que cierra el segundo ciclo de *El tamaño del dolor*. Cuando por momentos nos parecía que el poemario tenía demasiados motivos para hacerlo a un lado y digerir poco a poco esas imágenes que podrían sobrepasar los peores calificativos, y al mismo tiempo nos conducía por ciertas emociones y reanimaciones de la imaginación a veces indecibles, en las líneas siguientes hay un paso más en el horror o un paso más allá que sobrepasa al dolor:

En Kosovo los hombres armados

Escogían del variado menú albanés

Por la mañana

Leche de senos desgarrados de las madres

Y bebés nonatos

Bullidos en el fuego de las casas

Adornados con ojos negros, azules o cafés

Y una botella de lágrimas tibias

Alguien saborea tan sólo una cabeza estofada

Al cenit

Corazones reventados de todas las edades

Hervidos en jugo de huesos como guarnición

Y espinazo a las brasas

Acompañado con sesos fritos de niños

Y ensaladas de aullidos

Rociadas con vinagre de horror

Y un litro y medio de sangre de doncellas violadas

Alguien saborea tan sólo una cabeza estofada

En el crepúsculo

Hígados blancos y negros

Por aquí y por allá algún riñón

Carne de niña mezclada con sangre de las madres

Un pedazo de músculo anciano

Asado a la parrilla

Sazonado con sal de lágrimas

Alguien saborea tan sólo una cabeza estofada

En el entremés

Molían orejas izquierdas y derechas

Dedos de manos y pies

Por aquí y por allá alguna nariz sangrante

Y nuestros sueños secos ante el paredón de fusilamiento

Alguien saborea tan sólo una cabeza estofada

Guisaban y hervían en el fuego de las casas

Comían y bebían en cráneos albaneses

Como si no fuéramos humanos

Como si no fueran humanos

¿No es así? Dios

Hasta que el verano los regresó a su tierra

Cebados de muerte (67-68)

En *Lautréamont* (1939), Bachelard desentraña algunas imágenes de la poética del Conde de Lautréamont, quien presenta las anomalías y atrocidades de un primitivismo animal. Esto es lo más cercano que hemos encontrado en cuanto a las líneas de *Guiso albanés*. De este modo, el poeta debe hacer a un lado "las imágenes aprendidas, para retornar a las impulsiones vitales y a las poéticas primitivas" (53). La poesía ducassiana debe analizarse "en términos de imágenes cinéticas. Hay que juzgarla como un sistema muy rico en reflejos, no como una colección de impresiones" (71). En la poesía primitiva están depositadas nuestras emociones primitivas que producen las imágenes poéticas, es decir: "La imagen primera es la concreción de una emoción primera" (125). Dicho complejo de la vida animal, esta poética teratológica, la primitividad de la poesía, en la obra de Xhevdet también se da a nivel activo, mediante algunas situaciones y conductas humanas que no pueden ser humanas, que no deberían serlo.

En este poema lo monstruoso no es congénito, se aprende en la vida, en tiempos de guerra. También sucede en el cuerpo, es ocasionado al cuerpo no por otro hombre porque no podría ni por un animal porque es imposible, antes habíamos anotado que esto Xhevdet se lo adjudica a las bestias, a lo no humano ni animal. En otros poemas aparece, pero es aquí donde la vemos disfrazada de hombres armados *cebados de muerte*. Algo más que animal, la bestia, es quien se encarga de ejecutar la atrocidad, los actos bestiales. La guerra engendra estas imágenes ducassianas. Sin duda un perro o un tigre pueden comer seres humanos, pero no van armados ni tienen esa semi-consciencia de la bestialidad. Philippe Ollé-Laprune, director de la Casa Refugio para escritores que cobijó a Xhevdet, dice al inicio de *La aparición de las sombras*, prólogo de *El tamaño del dolor*:

> Yo creo más bien que el tiempo del horror, del terror, se alejaba y dejaba su lugar al tiempo del dolor. Parece indiscutible que la experiencia de esta guerra, la omnipresencia de la muerte y de la destrucción rompieron muchas vidas y espíritus. Quizá eso constituye lo indecible. ¿Mediante qué artificio literario pude uno dar cuenta de tales momentos? Ciertamente hace falta alejarse, en el tiempo y quizás en la distancia, de esos instantes terribles y no dar cuenta de ellos y no inspirarse sino hasta que su presencia se atenúa y lentamente el dolor, vieja compañía del poeta y su arte, toma su lugar. (8)

Podríamos concluir este capítulo agregando que solamente permanece la ensoñación poética como un espacio al que acude el poeta, según hemos visto, de manera voluntaria a reactivar el mundo, pues los pedazos perdidos de la vida y los instantes insufribles que se alimentan de las entrañas es irrecuperable o por desgracia irreparable. Queda el fuego nuevo para el futuro. La Hoguera. Para cerrar con Ollé-Laprune: "El horror excluye las palabras y los crímenes se cometen en silencio; el terror forma parte más de lo indecible que de lo formulable.

Por ello, todos los escritores que se confrontan con una experiencia ligada al horror tienen la

obsesión de comunicar la violencia de los sentimientos vividos" (7).

4. El paraíso *bajo la sombra del cactus*

Los grandes temas que predominan en *Maquillaje para la muerte*, la primera parte de *El tamaño del dolor*, tratados aquí en nuestro segundo capítulo, los sueños y la ensoñación, como habíamos anotado, podemos verlos en la segunda y tercera parte del poemario, aunque en menor medida debido a que el contenido relacionado con la infancia y la tierra ocupa ese lugar sin apropiarse por completo del espacio. De esta manera nos damos cuenta que los poemas concernientes al paraíso predominan en la tercera parte del poemario, *Bajo la sombra del cactus*, y al mismo tiempo los encontramos en otros poemas, por ejemplo, *El ángel y los ex ángeles* y *Los sueños del ángel* de la primera parte y la *Oda de los soldados enemigos* de la segunda.

En este cuarto y último capítulo de nuestra investigación sobre el trato de la imagen poética en *El tamaño del dolor* vista desde la ensoñación poética analizada por Bachelard veremos los poemas alusivos al paraíso y sus irradiaciones, es decir, los puntos que encontramos en la creencia popular y religiosa acerca del paraíso como la serpiente, los ángeles, dios, diablo, o como vimos con la manzana. Dicho de otro modo, serán considerados como aparecen en los poemas: con mucho más interés en lograr el poema y la imagen poética que en transmitir un sentimiento religioso o profundizar en la creencia popular, estos únicamente son el fondo del que se vale el poeta para hacer poesía. Por consiguiente, cuando Xhevdet ha escrito en la parte de *Maquillaje para la muerte*:

El niño tenía seis años la niña ocho

Y sus gritos llegaban a la cumbre del cielo (27)

Podemos entender que aquellos niños y sus gritos son reales, sin embargo, "la cumbre del cielo" pertenece al sentido figurado y no tiene una existencia real sino más bien religiosa y popular, no es el cielo con nubes, es el cielo entendido como paraíso, así estos versos cobran otra emoción y otra comprensión, al menos distinta de la que obtendrían si se tratara del cielo con nubes o sin nubes que cada día vemos en realidad.

En *La fantasía en Felisberto Hernández a la luz de la poética de Gaston Bachelard* (1994), Graciela Monges Nicolau recupera fragmentos de *La poética de la ensoñación* en los que Bachelard considera a la fantasía otro de los frutos de la ensoñación poética, puesto que "[Bachelard] agrega que el pensamiento cognoscitivo se basa en lo que él denomina nuestra función de la realidad" (49), y cita directamente *La poética de la ensoñación*:

> […] las demandas de nuestra realidad requieren que nos adaptemos a la realidad, que nos constituyamos a nosotros mismos como una realidad y que construyamos obras que son realidades. ¿Pero acaso la ensoñación por su misma esencia, no nos libera de la función de la realidad? Desde el momento en que se la considera en toda su sencillez, es perfectamente evidente que la ensoñación se hace testigo de una función de irrealidad normal y útil que mantiene a la psique normal humana al margen de toda la brutalidad de un hostil y ajeno "no ser". (253)

Y agrega Monges: "La función de irrealidad que Bachelard explica se basa en los recursos de la fenomenología y la teoría junguiana y se aproximan estrechamente al sentido afectivo de *lo imposible*" (49).

Es en este sentido de "lo imposible" que Xhevdet utiliza aspectos relativos a la idea de paraíso para reactivar la imaginación, crear sus imágenes poéticas y sacudir la emoción, como habíamos anotado cuando los ángeles inhalan cocaína o tienen pesadillas. Esto es posible en el poema, lo vemos y lo sentimos gracias al poema, además sabemos que en ningún bar veremos en la vida real a algún "espíritu celeste creado por Dios para su ministerio", siguiendo la definición de ángel de la RAE.

En el poema *Cincuenta y siete* leemos: "El diablo se volvió tapón de aguardiente" (72). Es evidente en este verso el uso figurado de la palabra para poder realizar y visualizar la imagen poética, así como veíamos en los otros capítulos que Xhevdet emplea la ambigüedad con la realidad para conseguir su propósito cuando nos presenta "las paredes del sueño" (32) o "La vida escapaba con los zapatos en la mano" (50). En la sección titulada *Bajo la sombra del cactus* reina el sentido figurado siempre de la mano con un indicio de realidad que nos lo trae a la consciencia.

Las paradojas de la vida, sinécdoques, las analogías, las contraposiciones, las realidades distantes, las dialécticas entre la ambigüedad y la fantasía con la realidad, las dualidades fundidas en las imágenes de todo el poemario, en el poema *Ruego albanés* se presenta cada una de ellas.

Por qué razón toda esta belleza en días de San Jorge

Si sólo con el cielo azul sobre la espalda

Llevo tormentas dormidas repletas de chinches balcánicas

Por qué razón el sol nace insensatamente hermoso

Si los tanques aplastan niños y flores

Y las madres escupen la vida se maldicen a sí mismas

Por qué razón la paloma torcaz sobre mi casa

Quiere evocar a mi padre exiliado

O azuza el encuentro entre la primera noche y el último día

Dios Dios

Le diste al hombre el árbol

Y él después de explotarlo la vida entera

Incluso muerto se lo lleva a la tumba

Le diste la tierra

Y tras explotarla la vida entera

Incluso muerto él declara

Estos dos metros son míos

Guerra es

No la que se transmitía en directo desde el Golfo Pérsico

Sino el Apocalipsis descendido sobre los campos de la demencia

Que hiede a exterminio

Dios Dios

De rodillas en nombre de la humanidad te ruego

Perdón perdón perdón

Humano humano

Con fe en Dios en mi nombre te ruego en albanés

Perdón perdón perdón

Si por fuerza tienes que matarme

Si por fuerza tengo que matarte

En nombre de la libertad de este mundo (74-75)

Además de las características que hemos apuntado y que con este poema han quedado

más claras, hay que destacar que los aspectos positivos y agradables de la vida –el cielo azul, el sol, las flores, la paloma torcaz, el árbol– es un tema que Xhevdet toca en muchos poemas, con la particularidad de que en buena medida lo hace para presentarlos en imágenes de un modo distinto a los conceptos populares. O sea, *toda esta belleza*, a causa de la guerra va acompañada de chinches, tanques, el exilio, la tumba. Es un sentido que siempre va ligado a provocar algo distinto a lo habitual y que por lo tanto es dinámico. Añade Schklovski al respecto:

> Entretanto, una imagen no es sólo la representación de un objeto, sino también la noción del objeto mediante su conocimiento en su dinámica.
>
> La imagen tiene diferentes formas, relacionadas con la dinámica del conocimiento del mundo. La imagen es un modo de conocer, no un simple reflejo de los fenómenos. Para conseguir la imagen no es suficiente pulir el estilo hasta que resplandezca como un espejo o unir brusca e inesperadamente dos conceptos que antes no eran conjugables. (*Sobre la prosa literaria* 24)

Podríamos decir que los muertos se levantan, las tumbas también están vivas, la tierra respira para siempre, el aire empuja hacia el futuro por encima de lo muerto. Bachelard, desde luego, lo dice mejor en *La poética del espacio* (1957). El resto de las citas de Bachelard son de este mismo libro:

> La imaginación, en sus acciones vivas, nos desprende a la vez del pasado y de la realidad. Se abre en el porvenir. A la *función de lo real*, instruida por el pasado, tal como la desprende la psicología clásica, hay que unir una función de lo *irreal* igualmente positiva. […] es imposible recibir la ganancia psíquica de la poesía sin hacer cooperar sus dos funciones de psiquismo humano: función de lo real y función de lo irreal. Se nos ofrece una verdadera cura de ritmoanálisis en el poema que teje lo real y lo irreal, que dinamiza el lenguaje por la doble actividad de la significación de la acción y de la poesía. (27)

Lo que tenemos visto y comprendido desde hace algún tiempo, en la poesía se mueve y se inquieta, nos inquieta. Será mejor ver el poema estrofa por estrofa:

Por qué razón toda esta belleza en días de San Jorge

Si sólo con el cielo azul sobre la espalda

Llevo tormentas dormidas repletas de chinches balcánicas (74)

Más allá del mito y la leyenda que ha obtenido la figura de San Jorge, en el aspecto religioso, es el santo patrono de varios países y ciudades principalmente de Europa; por citar alguno, la cruz de la bandera de Inglaterra es la de San Jorge; varios países balcánicos no son la excepción, en algunos lugares el 23 de abril se festeja el día de San Jorge, según calendarios canónicos ortodoxos, en alusión a las batallas en las que ha sido el santo protector. En la actualidad muchas celebraciones continúan, si bien han quedado atrás las batallas europeas en las que se acudía a San Jorge para conseguir el triunfo. Los días en que sucede esta celebración en Kosovo y Albania, ahora son días de fiesta entre el 5 y el 15 de mayo, el invierno bajo cero ha pasado, están en pleno verano, de ahí que surja el *Ruego albanés*, en esta oportunidad con otros motivos; desde el inicio Bajraj se lamenta por llevar en la espalda "tormentas dormidas repletas de chinches balcánicas", cuando debería estar la familia reunida festejando en armonía, felices, es la mejor época del año. Belleza-cielo azul-chinches balcánicas. Religión-ideal-irrealidad-intangibilidad-figura no humana: San Jorge. Ambigüedad: tormentas dormidas en la espalda. Realidad: chinches. La realidad es la pista de aterrizaje que siempre encuentra Xhevdet en sus imágenes.

En la segunda estrofa dice:

Por qué razón el sol nace insensatamente hermoso

Si los tanques aplastan niños y flores

Y las madres escupen la vida se maldicen a sí mismas (74)

Es una continuación de la anterior, pero sin ficción y sin ambigüedad. Deja sola a la realidad, y a lo agradable vuelve a contraponerlo con el horror. La belleza del sol es insensata en medio de aquella situación, pero la reconoce y siempre ha sido cantada por los poetas y considerada por las culturas antiguas. La visión de los tanques por desgracia es real, ni siquiera es una figura o una metáfora. Que las madres escupan la vida tal vez sí pueda entenderse como una figura si pensamos en abortos, aunque parece sobreinterpretación, sólo no perdamos de vista que es real y puede tomarse en sentido literal, incluso así parece una imagen más fuerte, pues encima de todo eso maldecirse a sí mismas es llegar al lado negativo de la vida. La madre y la tierra bajo los tanques escupiendo vida ante un sol hermoso. Por esta razón es más hermoso el sol, los niños y las flores, y más horrorosa la vida en la tierra, la brutalidad de los tanques. Se busca un lugar donde esto no suceda, debe haber, una casa eternamente impenetrable. La tierra es aplastada, es imposible vivir bajo un tanque.

La enumeración continúa en la tercera estrofa, las consecuencias del terror ahí no terminan y tampoco el camino que las bondades de la vida abren de alguna manera:

> Por qué razón la paloma torcaz sobre mi casa
>
> Quiere evocar a mi padre exiliado
>
> O azuza el encuentro entre la primera noche y el último día (74)

El símbolo que en la consciencia colectiva tenemos sobre la paloma puestos "sobre mi casa", sobre la casa que dice Bachelard en *La poética del espacio*: "es un cuerpo de imágenes que dan al hombre razones o ilusiones de estabilidad. Reimaginamos sin cesar nuestra realidad: distinguir todas esas imágenes sería decir el alma de la casa; sería desarrollar una verdadera psicología de la casa" (48). Psicología que Bachelard termina por desarrollar y, como vemos en estas líneas, Bajraj desarrolla las emociones y la poesía de la casa y la tierra, no todas, las suyas; y una parte, recordamos la sinécdoque, puede ser el todo. Esta paloma simbólica y real se vuelve imagen poética al contacto con la emoción tras "evocar a mi padre exiliado", el padre sin tierra, sin la madre, y al contacto con la ambigüedad tras azuzar "el encuentro entre la primera noche y el último día". El último día oscurece la imagen, en cuanto a que se contrapone al aspecto positivo de la vida que le reconocemos en nuestra consciencia. El último día difícilmente veremos palomas torcaces en las casas. Acercándonos más a Bachelard en el texto recién citado, vemos que la investigación y la creación de imágenes poéticas requieren dejar atrás toda experiencia que se haya obtenido sobre este asunto, dado que la imagen poética es, por naturaleza propia, presente y futura, más que pasada; sucede aquí y ahora y en adelante, y si se ha visto y comprendido en su medida, es para siempre. "En este libro nuestro campo de estudio ofrece la ventaja de estar bien señalado. En efecto, sólo queremos examinar imágenes muy sencillas, las imágenes del espacio feliz" (27). Sin duda, "hay que estar en el presente, en el presente de la imagen, en el minuto de la imagen: si hay una filosofía de la poesía, esta filosofía debe nacer y renacer con el motivo de un verso dominante, en la adhesión total a una imagen aislada, y precisamente en el éxtasis mismo de la novedad de la imagen. La imagen poética es un resaltar súbito del psiquismo" (7). Este resaltar súbito nos sucede con frecuencia en *El tamaño del dolor* al ver que las imágenes del espacio feliz, desarrollado fenomenológicamente por Bachelard para una visión y aprehensión en nuestra consciencia, están llenas de dolor, de destrucción, de separación, de ausencia, de lo contrario a ser feliz, lo que significa para cada persona.

En la cuarta estrofa dice:

Dios Dios

Le diste al hombre el árbol

Y él después de explotarlo la vida entera

Incluso muerto se lo lleva a la tumba (74)

Dentro de la idea de paraíso que vamos aprendiendo desde la infancia gracias a la educación y la cultura, independientemente de la religión, sabemos que está Dios, los ángeles y el diablo. En este verso, tratándose de un ruego, una súplica, la invocación a Dios se repite. Es el poema en el que Xhevdet está más cerca del sentido religioso, en los otros poemas aparece como formas lexicalizadas, casi como expresar "gracias a Dios" o "Dios te cuide" de una manera mecánica o formal. Esto es un ruego. Abre un diálogo para hablar del hombre, las cosas que hace, la explotación de sus recursos, lo que no debería hacer. Una de las viejas tradiciones que conservan los albaneses, cuando nace un niño, es sembrar un árbol, a la muerte de esa persona hacen su ataúd con la madera de ese árbol. Por ello es común en *El tamaño del dolor* encontrarnos varias veces con alusiones al respecto: "Los dueños del dolor se treparon al árbol de mi vida" (28), "El niño toca un caramillo / Hecho con madera de ataúd" (53) o "Mis padres envejecidos / No tienen hombros para cargar / Con el árbol de la vida / Despojado de las frutas / Que fueron sacudidas por aquellos imbéciles" (94). En uno o dos versos está concentrado un trozo de cultura. Las imágenes se ensueñan y se crean, en *La poética del espacio* tenemos que son "un verdadero despertar de la creación poética hasta en el alma del lector. Por su novedad, una imagen poética pone en movimiento toda la actividad lingüística. La imagen poética nos sitúa en el origen del ser hablante" (15). Al reconocer una costumbre popular de inmediato nos remitimos a los lugares, a las personas, al tiempo desde el que nos invoca el poeta y el pueblo mismo. "El bien decir es un elemento del bien vivir. La imagen poética es una emergencia del lenguaje, está siempre un poco por encima del lenguaje significante" (18). "Un gran verso puede tener una gran influencia sobre el alma de una lengua. Despierta imágenes borradas" (19). En el caso de nuestra propia cultura o nuestra lengua siempre hay una ganancia en lo que volvemos a ver, o como hemos dicho, vemos de otra manera. Si se trata de alguna nación con otra lengua, la ganancia puede ser doble, quizá estemos viendo algo que jamás experimentemos en persona, más allá de la imaginación. Las tradiciones viejas de un pueblo además lejano como Kosovo, con dificultad

podrían adoptarse en un pueblo con tradiciones viejas y nuevas, multicultural, como México. Con

todo, se entiende en los versos de este poema que se trata de la madera de un árbol para hacer un

ataúd, el hombre lo utiliza para la tumba. Un árbol vivo siempre es protección, refugio, en todos

los tiempos al poeta lo ha remitido a guarecerse en sus imágenes, son las imágenes "que solicitan

en nosotros una primitividad […] en una dicha física, al ser le gusta *retirarse en su rincón*" (125),

como nos dice Bachelard, y agrega "El árbol es un nido en cuanto un gran soñador se esconde en

él" (131).

En la quinta estrofa dice:

Le diste la tierra

Y tras explotarla la vida entera

Incluso muerto él declara

Estos dos metros son míos (74)

Las palabras a Dios continúan igual que la ensoñación de las imágenes primigenias. La

tierra vuelve a nuestras ensoñaciones. El hombre explota la tierra, acusa, se sirve de ella hasta en

la muerte. La tierra que es árbol y es nido. Seguimos a Bachelard:

El nido tanto como la casa onírica y la casa onírica tanto como el nido –si estamos

realmente en el origen de nuestros sueños– no conocen la hostilidad del mundo. Para el

hombre la vida empieza durmiendo bien y todos los huevos de los nidos están bien

incubados. La experiencia de la hostilidad del mundo –y por consiguiente nuestros sueños

de defensa y agresividad– son más tardíos. En su germen toda vida es bienestar. El ser

comienza por el bienestar. (138)

Las tumbas son los nidos de la tierra. Sin embargo, como vimos en los capítulos

anteriores con los sueños y la infancia, en *El tamaño del dolor* hay un clamor por la destrucción del aspecto positivo de la vida y de estas ensoñaciones; en este último caso, de la tierra y del nido, del mundo y de la vida, de la explotación del ser. Si bien tiene razón Bachelard en cuanto a que la defensa y la agresividad son tardías, en los sueños, contrario a esto, han incubado hostilidad. En la infancia no se duerme bien, se tienen pesadillas, hasta los ángeles las tienen. Esto es un reclamo al paraíso, a Dios, Xhevdet espera hacerle hoyos al cielo con estos versos. La tierra ha tenido demasiado.

La sexta estrofa dice:

Guerra es

No la que se transmitía en directo desde el Golfo Pérsico

Sino el Apocalipsis descendido sobre los campos de la demencia

Que hiede a exterminio (75)

De poco sirve nombrar la guerra tal cual se llama, esa tarea podemos dejarla en manos del periodismo. La poesía penetra con su mirada en las consecuencias anímicas, en los daños irreparables, y una y muchas veces espera que no se repita, testifica y denuncia. Cuánto puede importar la transmisión de los bombardeos en cualquier nueva zona de guerra, como seguimos viendo cada año, si las razones de fondo que conducen a ello no son tratadas o reparadas, si el impacto negativo que produce en todo el mundo en todos los sentidos es inestimable. Xhevdet debe remitirse a algo más allá de nosotros para poder decirlo y cuestionarlo, recurre a conceptos que serían extraños si los usáramos en la vida cotidiana. La razón es la siguiente: La poesía es. La poesía sucede. Como dice Elytis en *Seis y un remordimientos para el cielo*: "Es el arte de aproximarnos a lo que nos sobrepasa" (58). La poesía tiene muchos medios para conseguirlo. Es imposible decirlo todo. Hay que elegir un instante, una emoción, una imagen que valga por mucho. Pues cuando algo, el todo realmente nos sobrepasa, el poema captura una parte y la presenta. En días ensombrecidos por las bombas, la normalidad es destruida. Entonces se hace presente en el poema el Apocalipsis, el fin del mundo; en las imágenes poéticas se presenta la destrucción sobre el toque de realidad y de ambigüedad necesarios para verlo y decirlo: sobre "los campos de la demencia". ¿Cómo es la demencia, cómo son sus campos? Entendemos que no podremos sembrar en esos campos ni ver árboles con nidos, pero ¿cómo son? En este punto del poemario debemos poner todas las imágenes que nos han sugerido la brutalidad y la devastación en estos campos, y la emoción que nos ha generado. El Apocalipsis aquí descendido también tendremos que tomarlo derivado del paraíso, de ese contexto. Tal vez sea mucho considerarlo "la ira de Dios", aunque está cerca de darle ese sentido. Algo tan difícil de llevar a la mirada como el exterminio, es percibido mediante el olfato, hiede, posiblemente algunos de nosotros olimos algo cercano si no al exterminio, por lo menos a la muerte. Recurramos a la memoria y multipliquemos las sensaciones que nos dejó el sentido del olfato en tales casos. La imagen poética conserva y multiplica los sentidos, los potencializa, no sólo la vista.

La penúltima estrofa dice:

Dios Dios

De rodillas en nombre de la humanidad te ruego

Perdón perdón perdón (75)

El ruego sigue y aumenta la carga emotiva. Después de hablar de los hombres, surge la súplica por su perdón. "De rodillas", cual acostumbrada postración religiosa. En ningún otro poema de este libro se invoca a Dios con tanta fuerza y en tal sentido. Tres veces pide perdón. Es un ruego por el perdón, este es más fuerte que el acto mismo. Busca conmover. La figura de Dios es ambigua o pertenece al plano del misticismo –debo insistir, es intangible como San Jorge o los ángeles–, el sujeto que enuncia, quien lleva la voz, el que está de rodillas, el poeta, tampoco es visible como imagen, su foto en la contracubierta no es imagen poética, en el verso es solamente la voz que nos conecta con las imágenes que evoca, el poeta se reduce a la palabra, ni siquiera es él y su historia aunque existan y sucedan en realidad, en el poema son palabras vivas. Puede haber más emoción en decir que un hombre besa a una mujer apasionadamente que en ver a un hombre besar a una mujer apasionadamente. Según el poema o según lo que podamos ver en el momento del poema. El poema es un ser que va volviéndose independiente conforme acontece el poema a medida que el poeta lo va dejando ser. Antes dijimos que es un ser vivo dentro de otro ser vivo, él ruega por nosotros, se relaciona mucho más con nosotros que el poeta. Para Bachelard:

> La imagen poética no está sometida a un impulso. No es el eco de un pasado. Es más bien lo contrario: en el resplandor de una imagen, resuenan los ecos del pasado lejano, sin que se vea hasta qué profundidad van a repercutir y extinguirse. En su novedad, en su actividad, la imagen poética tiene un ser propio, un dinamismo propio. […] El poeta se empeña en mostrar, en presentar, nos hace ver sin darnos su pasado y la imagen arraiga en nosotros. (8)

Casi totalmente de acuerdo. El poeta sí nos da su pasado, lejos de la ficción y la ambigüedad que debe emplear para alcanzar sus objetivos artísticos, toca puntos que han sucedido en su vida, acontecimientos que impactan al poema y deben ser imágenes. El exorcismo siempre arranca del pasado las imágenes tormentosas. Los demás nos unimos para sacar nuestros tormentos, a luchar con nuestros diablos. Desde el presente, la imagen arraiga en nosotros por la emoción de reconocer el pasado y liberarlo, hasta entonces mira hacia el futuro.

De esta manera llegamos a la octava y última estrofa de *Ruego albanés*:

> Humano humano
>
> Con fe en Dios en mi nombre te ruego en albanés
>
> Perdón perdón perdón
>
> Si por fuerza tienes que matarme

Si por fuerza tengo que matarte

En nombre de la libertad de este mundo (75)

El ruego se desplaza, ahora invoca al humano y no a Dios, suplica otra vez por perdón otras tres veces. También el humano en este poema tiene todo el peso literal de la palabra, distinto a como sucede en varios poemas en los que lo deshumaniza o se ve deshumanizado a causa de la brutalidad que comete a sus semejantes. El poeta entra más al poema, lo hace más personal, ruega en su nombre y en su idioma, con ello ruega en nombre de la patria y su historia, y hay que repetir que como en ningún otro poema "Con fe en Dios". La razón es que debe haber un intermediario entre los humanos o alguien o algo que esté por encima de lo humano. Ahí pone toda la fe posible. Quedar en manos de la humanidad significaría nunca conseguir el perdón anhelado. Otra vez la poesía se acerca más a lo que nos sobrepasa, pues entre humanos que por fuerza tienen que matarse a dónde más voltear. Entre hombres, si por el hombre fuera, está claro, apostamos por la muerte. Pasamos de un ruego a Dios por la humanidad, a un ruego al hombre por el hombre por conseguir la libertad no sólo de los albaneses sino de todo el mundo. La libertad de un pueblo es la libertad de todos. De nuevo la parte por el todo. En este cierre de poema, la repetición de palabras fortalece el poema. Deja todo en manos del hombre y sus creencias, la fe en algo superior que resuelva sus miedos y alivie sus dolores, sin perder la fe casi perdida de creer en la humanidad. Ahora bien, parece que estamos ante una contradicción cuando dice Bachelard que "las grandes imágenes tienen a la vez una historia y una prehistoria. Son siempre a un tiempo recuerdo y leyenda. No se vive nunca la imagen en primera instancia. Toda imagen grande tiene un fondo onírico insondable y sobre ese fondo el pasado personal pone sus colores peculiares" (64), pero tal vez sea porque la imagen debe partir de un punto memorable hacia otro punto inolvidable, sin que por ello deba estacionarse en un pasado. "La fenomenología de la imaginación pide que se vivan directamente las imágenes, que se tomen las imágenes como acontecimientos súbitos de la vida. Cuando la imagen es nueva, el mundo es nuevo" (79). "La imagen no está bajo el dominio de las cosas, ni tampoco bajo el empuje del subconsciente. Flota, vuela, inmensa, en la atmósfera de libertad de un gran poema" (102). Con esto podemos agregar que la imagen y la emoción están en todo el poema, la imagen es libre y la emoción es una con ella, se desenvuelve como decía Paz. Particularmente, en *El tamaño del dolor* la emoción es impensable sin la imagen, es un todo con su dolor y su realidad, sus ensoñaciones. Ese fondo onírico, aunque insondable, sólo es tocado con estas armas que Xhevdet lleva a ensoñar. Produce emoción, impacta, la imagen es la misma vida; y si es la muerte, también vive y duele como la vida. Todo entra al universo de la imagen.

Para continuar analizando las imágenes del paraíso en la tercera sección de este poemario, aprovechando el desplazamiento que acabamos de ver en el poema anterior entre el concepto de Dios y lo humano, hay que señalar que esta tendencia la anotamos antes acerca del ángel y la bestia que en ciertos poemas llegan a ser humanos o vuelven a la naturaleza preconcebida en nuestra consciencia colectiva, por ejemplo:

De que todos nosotros somos ángeles

expulsados del paraíso (21);

Acaso antes de encontrar la manzana

Todos éramos ángeles (97);

Por la antigua ciudad deambulan animales con sonrisas humanas (89)

Esta inclinación de Xhevdet para cambiar de sentido las concepciones establecidas están bien definidas en la obra *Kafka. Por una literatura menor* (1975), escrita entre Gilles Deleuze y Félix Guattari, en la que dicen que la música en la obra del escritor checo: "No es una música compuesta, semióticamente formada, la que le interesa a Kafka, sino una pura materia sonora"

(14), es decir, el sonido, la pura materia, sufre un desplazamiento, el sonido es desterritorializado, se convierte en un grito que escapa a la significación, como el famoso "¡Hola!" (166) de el *Informe para una academia* de Kafka que emite ni más ni menos que un simio. Siguen Deleuze y Guattari:

> Lo que le interesa a Kafka es una pura materia sonora intensa, en relación siempre con *su propia abolición*, sonido musical desterritorializado, grito que escapa a la significación, a la composición, al canto, al habla, sonoridad en posición de ruptura para desprenderse de una cadena todavía demasiado significante. En el sonido lo único que cuenta es la intensidad, generalmente monótona, siempre asignificante… (15)

De igual manera sucede cuando el simio se encuentra ante la posibilidad de escapar, esta se desplaza, pierde significado: "No me quedaba otro camino, por supuesto, pues siempre supe que no había que elegir la libertad" (167). Ahora bien, los devenires-animales que Deleuze y Guattari encuentran en la obra kafkiana, son como los devenires-paradisiacos que vemos en *El tamaño del dolor*, son "desterritorializaciones absolutas", "signos asignificantes", así como constatamos en las líneas:

> Los muros del tiempo se hicieron añicos
>
> El dolor de los vivos sobre la tierra
>
> Hace germinar las manzanas en el Paraíso (77)

La confrontación es evidente. El devenir-paradisiaco. Las manzanas brotan desde un lugar lejano a la tierra, no simplemente las manzanas, cualesquiera, sino las del Paraíso. Y no es gracias al agua que cae sobre la tierra, sino debido al dolor de los vivos. Hay resignificaciones. Esto surge desde la ambigüedad, cuando también el tiempo padece las consecuencias del exterminio y sus muros están deshechos. En el poema *Paz*:

> Miro la televisión recostado en la almohada

Rellena con plumas de nueve ángeles (79)

Y desde la mesa

El gusano de la manzana partida

Me sonríe (79)

Y cubro mi cuerpo con el edredón

Relleno con plumas de noventa y nueve ángeles

De paz

Y duermo en paz (80)

Nos enfrentamos ante un lenguaje que por su simpleza y su naturalidad potencia la ficción primeramente de la almohada y el edredón rellenos de plumas de ángeles y además se intensifica en la sonrisa del gusano que se encuentra en la manzana. Parte de la realidad absoluta: "Miro la televisión recostado en la almohada". Así pues, será más fuerte y mejor recibida la fantasía. Deleuze y Guattari dicen: "Ir siempre más lejos en la desterritorialización… a fuerza de sobriedad. En vista de que el vocabulario está desecado hacerlo vibrar en intensidad. Oponer un uso puramente intensivo de la lengua a cualquier uso simbólico o incluso significativo o simplemente significante. Llegar a una expresión perfecta y no formada, una expresión material intensa" (33). Xhevdet no se queda con el símbolo, utiliza el sentido de las preconcepciones culturales y avanza en búsqueda de la imagen poética, tal cual confirmamos con las palomas, sí es la paloma de la paz o de la libertad pero aún más importante que eso es que se trata de una paloma que está muerta sobre el asfalto o aquella que

Desenterró del estiércol un grano de maíz sin digerir

Y subió al cielo

En nombre de la libertad (16)

Para Deleuze y Guattari:

En efecto, he aquí lo que sucede cuando el sentido es activamente neutralizado: como dice Wagenbach, "la palabra señorea, da nacimiento directamente a la imagen". Pero ¿cómo definir este procedimiento? Del sentido sólo subsiste lo necesario para dirigir las líneas de fuga. Ya no hay designación de algo según un sentido propio, ni asignación de metáforas según un sentido figurado. Pero la cosa, *como* las imágenes, no forma ya sino una secuencia de estados intensivos, una escala o un circuito de intensidades puras que se puede recorrer en un sentido o en otro, de arriba abajo o de abajo arriba. La imagen es el recorrido mismo, se ha convertido en devenir: devenir-perro del hombre y devenir-hombre del perro, devenir-mono o coleóptero del hombre y a la inversa. (36)

Devenir-ángel del asesino y devenir-humano del ángel. Devenir-bestia del hombre y devenir-alcohólico-drogadicto del ángel y devenir-diablo del hombre. Bajraj toma lo necesario para las líneas de fuga y, tenemos que insistir, las líneas de refugio. Se refugia en su trinchera de fantasía y, encima de eso, en su fortaleza del paraíso desterritorializado. Dice Elytis: "Me temo que antes tiene uno que haberse convencido de que el proceso psíquico que exige concebir un ángel es mucho más doloroso y terrible que el otro, el que consigue revelar demonios y monstruos" (*Prosa* 58). Traer el paraíso a la tierra o llevarnos al paraíso supone una apertura emotiva y visual más intensa, por lo menos distinta a la habitual. Exactamente la irrupción en la cotidianidad es el por qué fundamental de la necesidad de fantasía, metafísica, misticismo. Hacer poemas tocando el paraíso, considerándolo un espacio superior a la tierra, sin dolor, superior en todo sentido, para vivir la eternidad, habla de conocer algo respecto a lo contrario, y no el infierno o el diablo que se situarían en la misma posición, sino más bien en un lugar donde la vida es imposible o insufrible, con la dicha pasajera, llenada de horror por seres inferiores, extraídos de la realidad, fruto de la propia tierra.

Otro de los elementos con los que cuenta este paraíso en *Bajo la sombra del cactus* ha ganado mención aparte: la serpiente. Según Bachelard, en el citado *La tierra y las ensoñaciones del reposo* dice: "La serpiente es uno de los arquetipos más importantes del alma humana. Es el más *terrestre* de los animales. Es verdaderamente la raíz animalizada y, en el orden de las imágenes, es el vínculo entre el reino vegetal y el reino animal", (294). Como arquetipo, significa que forma parte de nuestra cultura. Cuando escuchamos la palabra serpiente sucede algo más fuerte que cuando escuchamos hablar de la manzana que vemos roja. "Serpiente", y esperamos el contexto. Sería imposible enumerar qué tanto imaginamos en torno a la serpiente, nos limitaremos al capítulo que le ha dedicado Bachelard y a los poemas en los que Xhevdet la emplea en su paraíso. Para empezar, con la cita en que Bachelard la califica de la más terrestre. Entonces ¿qué hace una serpiente en el paraíso? Esto nos llevará a una buena parte de la esencia de *El tamaño del dolor*. El paraíso que Xhevdet toca está en la tierra y la tierra en el paraíso, como recordamos los versos "El dolor de los vivos sobre la tierra / Hace germinar las manzanas en el Paraíso" (77). Pero aún no llegamos a la serpiente. Otro animal en el paraíso apenas podría con las tareas que ha realizado; su conducta y su cuerpo, como si sobraran sus ojos, su piel, sus fauces y su lengua, el veneno, la han puesto donde está. Simplemente el veneno tiene vida propia en nosotros. Sigamos con ella. Para Bachelard:

> La serpiente, flecha tortuosa, entra bajo la tierra como si fuera absorbida por la tierra misma. Esa entrada en la tierra, esa dinámica violenta y hábil, he ahí algo que instituye un arquetipo dinámico curioso. Y la serpiente puede precisamente servirnos de ejemplo para enriquecer, con un carácter dinámico, la noción de arquetipo tal como la presenta C. G. Jung. Para ese psicoanalista, el arquetipo es una imagen que tiene su raíz en el inconsciente más remoto, una imagen que viene de una vida que no es nuestra vida

personal y que no podemos estudiar más que refiriéndonos a una arqueología psicológica.

(295)

Obviamente tampoco tenemos la intención de realizar algún tipo de psicoanálisis sobre los poemas de *El tamaño del dolor*, sin embargo, el estudio a fondo de sus imágenes nos conduce con Bachelard a la raíz de la consciencia imaginante, y ahí nos aguardan los mundos que nos trajeron hasta este momento, la vida anterior a la nuestra, los estudios indispensables sobre el pensamiento, las ideas que dan vida. La última estrofa del poema *La serpiente habla albanés* dice:

> Amigo mío   te lo ruego   peca
>
> Busca la manzana
>
> A Eva
>
> La serpiente ahora habla albanés
>
> Te regresará a nosotros (77)

Es importante destacar que estamos tratando con "El paraíso *bajo la sombra del cactus*", es el paraíso en este poemario y en esta tercera sección del mismo, pues hablar del paraíso religiosamente aquí sería imposible. Sin duda, tiene esos acentos, podemos verlo, pero de igual manera los versos anteriores marcan la línea trazada por Xhevdet para hacer sus imágenes y generar sus emociones. El pecado, la manzana y Eva son estáticos, pertenecen al sentido religioso puesto en nuestras ideas a través de la cultura, existían antes de nuestro nacimiento, son modelos, arquetipos. La serpiente cobra vida en el poema al hablar albanés, nos acabamos de enterar de esto al enfrentarnos al poema. Como decía Huidobro, vemos algo que sin el poeta no hubiéramos visto, hay una imagen creada, una situación creada. Es la serpiente de este paraíso en esta tierra. El sujeto lírico de estos versos, la voz en primera persona, incita al pecado, desplaza a la serpiente. El devenir-serpiente del poeta ruega para que el lector, el amigo mío, cometa pecado.

Ahora habla albanés. Debía decirlo. En ningún momento nos dicen qué idioma hablaba o habla la serpiente originalmente, la primera serpiente. Extraída del texto más traducido de la historia, la serpiente habla más idiomas que nadie, hasta que leemos en español que habla albanés, de esta manera nos remitimos al pueblo albanés y a su historia. Ahora uno de sus poetas ruega por el pecado. En español, en albanés y en los idiomas en que se ha traducido este poema. La serpiente encuentra las formas de abrir el paraíso, es completamente dinámica, su lengua nunca está quieta, en ninguna lengua. La línea final dice: "Te regresará a nosotros". Te quedarás con nosotros en la tierra, con la serpiente, en ningún paraíso. En caso de que vivas para siempre en algún paraíso, este ya estaría contaminado por el dolor de los vivos, por las manzanas podridas de dolor, hay que decirlo: dolor humano que ha llegado al paraíso y tampoco allá ha podido desaparecer. Morirás con nosotros en la tierra gracias a la serpiente, aún así no podremos odiarla, es mayor el miedo, siempre hay que guardar distancia más que por su mirada y sus colmillos y su lengua, guardamos distancia por su movimiento. Mientras en algún punto de su cuerpo está totalmente quieta, hasta suspendida en el aire, en otro punto está moviéndose y nunca sabemos hacia dónde. Ha superado su propia simbología. Según Bachelard:

> La serpiente es por lo tanto de manera totalmente natural una *imagen compleja* o más exactamente un *complejo de la imaginación*. Nos la imaginamos dando la vida y dando la muerte, blanda y dura, recta y redonda, inmovilizada o veloz. Es por ello que desempeña un papel tan importante en la imaginación literaria. La serpiente, tan inerte en su reproducción figurada, en pintura o en escultura, es pues, en primer lugar, una *imagen literaria pura*. Necesita la discursividad de la imagen literaria para que se actualicen todas sus contradicciones, para que se movilicen todos los símbolos ancestrales. (298)

En un par de líneas de *El cielo sobre la manzana roja* podemos ver a la serpiente en este dinamismo de la imaginación literaria, además la vemos en la estrecha relación que siempre ha conservado con la manzana. Incluso podemos atrevernos a decir que en poesía supera el simbolismo:

En el manzano rojo en el nido de pájaro

Duerme la serpiente sobre las pieles serpentinas (92)

La serpiente se desliza y es deslizable. El poeta puede moverse con ella, tanto es así que aún cuando duerme en estas líneas existe movimiento. Las pieles serpentinas nos dicen con seguridad que una serpiente las habitó y las ha cambiado, se ha regenerado, tiene nueva piel, debió moverse, deslizarse dentro de sí y de algún modo abandonarse de sí misma. Según Bachelard: "Para decirlo entre paréntesis, imitaríamos gustosamente el ejemplo de la palabra serpiente para sugerir el pasaje de una *imagen arcaica* a la *palabra arquetípica*, puesto que es ahora la *palabra* la que lleva todo el peso de la imagen" (305). Y la palabra responde, se vuelve forma, figura, presentación, serpentea, nos movemos con ella. "Si seguimos ahora la imaginación dinámica solicitada por la imagen tradicional de la serpiente, podremos decir que la serpiente es el sujeto animal del verbo abrazar y del verbo deslizarse. Los reptiles quieren tocar [...] Se envuelven en sí mismos para tocarse: abrazan para tocar con toda la longitud de sus cuerpos", (315) dice Bachelard. Es así que Xhevdet se desliza en sus ensoñaciones para imaginar. Devenir-serpiente del poeta y del poema. Al final de este poema dice:

Yo

Yo bien sé lo que busco

Hasta morir en el escenario abierto del teatro de la calle

Quiero luz

Quiero libre mi cachito de cielo (93)

Serpiente del paraíso que pretende morir al aire libre, entre luz, busca cierta libertad, la libertad del movimiento. En nuestras culturas prehispánicas esto es muy fácil, la serpiente emplumada gobierna la tierra y el cielo con sus alas color de nube. Es la divinidad más importante, es Quetzalcoatl que tiene poder sobre todos los elementos. Sin embargo, el cielo y el paraíso de *El tamaño del dolor* son otros, únicamente pertenecen a este poemario partiendo de los conceptos de la cultura general, como antes apuntamos. Lo más que se acerca Xhevdet a esta serpiente surge en un poema que escribe pensando en la Ciudad de México, *Allá donde érase que se era*, cuya segunda estrofa dice:

> Con la cabeza de la serpiente por arete
>
> Un indio borracho como corcho de botella
>
> Se sonríe (96)

Si bien no es el paraíso ni la tierra, también aquí pretende desmitificar y la divinidad se reduce al arete que porta un indio borracho. Cada poemario y cada poema van generando su mundo. Cada imagen se independiza y se establece en nosotros, en el mundo que le reservamos. En *Combinación de serpiente y manzana*, un poema publicado en *Kujdestar i dallëndysheve* [El guardián de las golondrinas] de Petraq Risto, otro poeta en lengua albanesa, traducido por Xhevdet al español, es muy clara la desterritorialización y el deslizamiento de los elementos que hemos tratado:

> El cráneo manzana y dentro la serpiente de sesos enrollada
>
> Cuello-serpiente y dentro recién tragada: manzana de Adán
>
> venas-serpientes azules y corazón: manzana roja,
>
> el sexo masculino-serpiente y manzana el sexo femenino
>
> bajo los ojos-cabezas de serpientes: se quedan prendidos los pómulos
>
> al final de los hombros de serpiente: diez yemitas de los dedos
>
> las serpientes de los pies salen de dos manzanas
>
> hasta los dedos de los pies son dos serpientes con manzanitas

cabezas de serpientes pezones sobre las manzanas de los senos

y senos-manzana son atacados por diez serpientes sedientas

entre los labios-manzana asoma la serpiente de lengua

el vientre de la madre embarazada tiene forma de manzana madura

con el ombligo salido: serpiente de música prendida

en las primeras semanas el nonato tiene forma de serpiente...

y las serpientes nos esperan unas pocas horas después de morirnos. (21)[1]

Sería egoísta detenernos a recoger cada manzana que encontremos para nosotros y dejar al lector con las manos vacías, pues en este punto del texto sabemos qué valor darle a cada verso; sin embargo, queremos destacar un par de aspectos: "El cráneo manzana" nos hace evocar el tzompantli, tal vez porque los cráneos eran atravesados como ahora son atravesadas las manzanas para comer, la imagen nos pone a trabajar, nos hace volar por el techo como dice Paz. Además advertimos un toque polisémico, dado que el sustantivo *Cráneo* en albanés se dice *Kafka*, o bien, *Kafka* en albanés significa *Cráneo*. De nueva cuenta hay que detenerse, no quisiéramos caer en la sobreinterpretación, somos libres de ver y volar por el techo, imaginar, ensoñar. Las imágenes no necesitan de figuras retóricas para instalarse en el pensamiento, en su simplicidad está su complejidad, basta quedarse quieto para ser parte del universo que envuelve como serpiente con sus imágenes: "En cuanto estamos inmóviles, estamos en otra parte; soñamos en un mundo inmenso. La inmensidad es el movimiento del hombre inmóvil. La inmensidad es uno de los

---

1

 Kombinim gjarpri dhe molle
Kafka mollë dhe brenda saj mbledhur kutulaç gjarpri i trurit / Qafa-gjarpër dhe Brenda saj e sapogëlltitur: molla e Adamit / damarët-gjarprinj blu dhe zemra: mollë e kuqe, / seksi i mashkullit-gjarpër dhe mollë seksi i femrës / poshtë syve-koka gjarprinjsh: rrinë ndezur mollëzat e faqeve / në fund të krahëve gjarprinj: dhjetë mollëzat e gishtërinjve / gjarprinjtë e këmbëve dalin nga dy mollaqe / madje dhe gishtat e këmbëve janë dhjetë gjarprinj me mollëza / koka gjarpri thitkat mbi mollët e gjinjve / dhe gjinjtë- mollë sulmohen nga dhjetë gjarprinj të etur / mes buzëve-mollë del gjarpri i gjuhës / barku i nënës shtatëzënë ka formën e mollës së pjekur / me kërthizën e ngritur: gjarpër nga muzika ndezur / në javët e para foshnja ka formën e gjarprit... / dhe gjarprinj na presin pak orë pasi kemi vdekur. (*El guardián de las golondrinas* 20)

caracteres dinámicos del ensueño tranquilo" (*La poética del espacio* 221). La serpiente está inmóvil hasta que es vista por el poeta, descubre su inmensidad y muere por moverla, pues ha sido sacudido por ella. En este poema de Risto, la serpiente pierde su tierra casi por completo y hay un esfuerzo en situarla en el cuerpo humano: cráneo, cuello, venas, corazón, ambos sexos, ojos, pómulos, hombros, dedos, pies, pezones, senos, manos, labios, lengua, vientre, ombligo. En algunos momentos nos cuesta trabajo verla en estas situaciones. La serpiente se desliza y se convierte en nonato. Después, de vuelta a la tierra, nos espera en la muerte, habrá de tragarnos como manzanas. Encontrada en el paraíso, expulsada del paraíso por los poetas. Volvemos a ella, serpiente madre.

Para concluir, cerraremos con el cielo de la realidad poética que presenta Xhevdet hacia el final de su libro, un cielo más cerca de la tierra y más lejos de aquel paraíso. Al inicio de *Algo como paloma torcaz* dice:

> La camisa sangrante pende sobre el muro
>
> Su dueño mató al amor
>
>
> No le hicieron una estatua
>
> Bajo el cielo tranquilo de la libertad (81)

Es verdad que se trata de un cielo ambiguo, el de la libertad, pero es un cielo real que aparece sobre elementos tomados de la realidad como un muro y una estatua. En la segunda estrofa de *Zurcido* dice:

> En la cumbre del dolor
>
> Enhebro con versos una aguja hecha de mis huesos
>
> Para zurcir el cielo allá donde se cuela

La añoranza del paraíso (82)

Solamente la añoranza como la luz de la esperanza de quien ha perdido casi todo, la búsqueda del paraíso que debe haber para sobrevivir el dolor de la tierra, también aquí aparece después de presentarnos la realidad invadida por el dolor, desde su cumbre, y el sentido figurado de la aguja hecha de huesos humanos no de ángel ni diablo. Las líneas de *La muerte de la flor enamorada* dicen:

Al regresar a casa con la niebla de la mañana

El cielo olía a marihuana encendida

> Una flor a la mitad del campo de la vida y la muerte
>
> Roja como la sangre
>
> Muere de amor
>
> Porque
>
> Su dolor es más grande que su talla (84)

En medio "del campo de la vida y la muerte", la realidad es atroz. Quizá ahora es común oler marihuana en las calles de cualquier ciudad, sin embargo, aquí es el cielo, el cielo de todos, donde una flor muere de amor. El cielo apesta, nada divino lo rodea ni lo embellece ni viene por su salvación, es una particularidad de la imagen que va de la mano con la niebla y se contrapone al color de la flor "Roja como la sangre" y al olor a marihuana. Las realidades distantes que son unidas en el poema, la vida y la muerte, el color y el olor, gris y rojo, amor y dolor, el cielo y el campo, la planta y la flor, ver y conmover. Es todavía más claro el distanciamiento del cielo y el paraíso, como lo hemos dicho hasta ahora, en la tercera estrofa de *El amor nos hizo humanos*:

Con un cielo de terribles recuerdos a la espalda

Se transforma en animal doméstico y saciado

Las caras de nuestros más queridos son espejo de nuestro dolor

De tu dolor (85)

Desde luego es un cielo tomado de la realidad y sólo decible gracias al sentido figurado.

Después el sujeto lírico nos hace parte del dolor al cambiar de tercera a segunda persona o al

cambiar de pronombre de nosotros a tu. La confirmación de la distancia que ha tomado entre el

cielo y el paraíso sucede líneas adelante:

Debe haber un lugar

Hermana

En los corazones de aquellos que están por venir (85)

Anteriormente, no tenemos ningún dato de la hermana, es la única ocasión que aparece en

todo el poemario. El primer poema está dedicado a su hermano Fadil. La hermana aquí supone

algunos datos o hechos de la experiencia real de Xhevdet. Sobre lo que más nos interesa, el lugar

aquel, invencible, un lugar de reposo, sin dolor, es también parte de la eterna búsqueda de la

humanidad por la superioridad, la divinidad, el paraíso. Sencillamente un sitio donde haya nada

parecido a "aquellos imbéciles", donde disfrutar de la vida, debe haberlo, por lo menos en los

corazones. En la estrofa final de *El Libro de la Vida* dice:

A lo largo del cielo roto de la mañana

Un pájaro improvisa el vuelo del amor (97)

Estamos en los últimos poemas y otra vez aterrizamos en la realidad, el cielo roto, aunque

es una realidad inherente a la ambigüedad, el cielo de la mañana. Con esto podemos resumir que

la realidad a secas o la realidad a solas es inservible para atravesar la gran muralla de lo indecible.

Siempre habremos de ir por ayuda en las otras cosas que la misma realidad ha creado, la ficción y

la fantasía y la ambigüedad son sus productos. El misticismo y la divinidad, considerados aparte,

también caen del mismo árbol. Después de entrar y salir del paraíso, bajo el cielo y sobre él, sobre la tierra y entre ella, Xhevdet concluiría unos poemas antes del final del poemario, en las

líneas finales del poema *El mundo está solo igual que tú*:

El mundo está solo igual que tú

Pues tú eres el mundo mismo

Girando en círculo

Intentando atrapar la cola de la eternidad (98)

¿El hombre finalmente solo, sin dios, sin diablo, sin ángeles, sin paraíso? Los ha puesto

en los poemas, los ha hecho imágenes, será difícil borrarlos de la memoria, de la imaginación. El

mundo tampoco está solo, hay otros mundos, otros sistemas solares, algunos mundos quizá más

afortunados con más de un sol.

En estas últimas líneas nos quedamos con la soledad, ella sí, es el punto de partida de la

ensoñación y de la imaginación, más que un estado anímico o físico es una emoción, el

sentimiento, la sensación que siempre nos ha colmado, una condición poética.

Debemos volver a Bachelard: "Poniéndonos frente a nosotros mismos, la soledad nos

lleva a hablar con nosotros mismos, a vivir así una meditación ondulante que repercute por todas

partes sus propias contradicciones y que intenta sin fin una síntesis dialéctica íntima" (*El derecho

de soñar* 242). De este modo, qué paradoja, sentimos a la soledad acompañándonos a todos los

viajes de la imaginación creadora. Mientras esté de nuestro lado, hay poesía. "Estoy solo, por lo

tanto sueño con el ser que ha curado mi soledad, que ha curado mis soledades" (*La poética de la

ensoñación* 126).

Es necesario, después de esta visita a la obra bachelardiana, cerrar con las palabras de

Bachelard que promueven al ser humano y al poeta a reafirmarse, a ser lo que somos: "A veces

un ligero desequilibrio, una ligera falta de armonía, rompe la realidad de nuestro ser imaginario:

nos evaporamos o nos condensamos –soñamos o pensamos. ¡Ojalá pudiéramos imaginar

siempre!" (*El aire y los sueños* 139)

Conclusión

Quisiéramos concluir con unas pocas palabras más sobre la soledad y después retomamos con un comentario final sobre la imagen poética en este trabajo.

Una vez convencidos del lugar fundamental que ocupa la imagen poética en la poesía, más allá de la manera en que la imaginemos y presentemos, nos hemos hecho conscientes de su origen y de su designio. Inicialmente, advertimos que la imagen poética es elemental porque proviene de los elementos de la naturaleza: el fuego, la tierra, el agua y el aire. Además, por las mismas razones, podemos extraerla de la flora, la fauna, y también muy importante, de nuestras emociones surgidas de nuestro contacto con el mundo. Asimismo, nos deleitamos en advertir que los grandes productores de imágenes poéticas están al alcance de cualquier poeta, sólo es cuestión de soñar en soledad ante estos surtidores de la imaginación como lo haríamos ante la llama de una vela solitaria, "los poetas vienen a reavivar nuestros complejos de soledad" (*Fragmentos de una poética del fuego* 180), dice Bachelard. Los elementos que nos acunan y protegen como lo hace una madre, los astros más lejanos y más cercanos a nosotros, los árboles como nidos que nos arrullan y guarecen, la casa que guarda y siempre nos da nuestros sueños más íntimos y profundos, la mesa donde todo el tiempo del mundo se detiene o se va en un instante pensando en hacer poemas, la hoja en blanco que nos invita con su desnudez a vestirla de una poesía diáfana y memorable. Incluso la radio, para Bachelard:

> Está segura de imponernos soledades. No siempre, naturalmente. No se trata de escuchar ese tipo de emisiones en una sala de baile, en un salón. Habría que escucharlo no digamos en una choza, sería pedir demasiado, sino en una habitación solitaria, a la hora de la noche en que se tiene el derecho y el deber de llenarse de calma y de reposo. La radio tiene todo lo necesario para hablar en la soledad. (*El derecho de soñar* 219)

Una de las lecciones que nos deja la imagen poética es que no podemos generalizar y decir irrefutablemente algo sobre ella que sea válido para siempre sobre las imágenes de todos los poetas. Sería como decir algo sobre todos los poemas. La imagen poética pertenece a cada poeta y a cada lector. Sin embargo, a muy grandes rasgos, la imagen poética en *El tamaño del dolor* y la imagen poética según los autores que hemos considerado en este trabajo contienen muchas características que las han convertido en un fenómeno cuyo estudio merece una vida. Por lo pronto, aquí hay algunas: es ambigua, acerca realidades, analogías, es un acto de atención voluntaria, es extraída de la cotidianidad, es una con la emoción, puede ser todo el poema, es intuitiva, es un instante, permanece, es elemental, compleja, polisémica, única e irrepetible, dinámica, ensueña, es una fuerza psíquica, reactiva la imaginación, es femenina, se desliza y es deslizable, es objetiva y cada uno la hace subjetiva, crea consciencia, parte de la realidad y va más allá, dice lo indecible, establece la comunión poética, se restituye entre poeta y lector, trasciende el poema y el lenguaje.

Ver el esqueleto de la imagen, sus músculos, ha sido la principal pretensión de esta investigación y en cierta medida ha quedado satisfecha. Había seguridad en que el diamante de la poesía solamente sería pulido en algunos lados, dejando el resto en su estado natural, puro. Con los autores aquí tratados apreciamos que la imagen, la poesía, las obras artísticas, son producto de la fuerza interna que nos conduce a crear con violencia –en el mejor sentido posible–, emoción, imaginación, amor, voluntad, consciencia. Acercando realidades, estableciendo analogías, rompiendo estructuras gramaticales, comunicando, aproximándose al lector. En varios poemas de *El tamaño del dolor* este acercamiento se produce debido a la ambigüedad, más allá de la comparación o la analogía. Un elemento más, frecuente en este poemario, es el uso de las palabras de todos para presentar imágenes.

Posteriormente, la teoría más desarrollada de este trabajo sería ganada por Gaston Bachelard y sus propuestas sobre la ensoñación y las poéticas que produce. Partiendo de la soledad en que se encuentra el poeta, hay que cobrar consciencia de los elementos que forman parte en la imagen poética que tiene ante sí mismo y darla a ver y a sentir. Podría decirse que en un poeta todo, o casi todo, será parte del reino de sus imágenes. Un viejo radio para cualquier ensayista es un viejo radio. Para Bachelard es motivo más que suficiente para disponerse a ensoñar, señala una soledad creadora que deberá ir a parar a un poema sobre muchos tipos de surtidores de la imaginación como el árbol, el río, la casa, la llama de una vela. Somos testigos de que no hay ningún límite para estos proveedores que una vez puestos en la imaginación constituyen medios de ensoñación, de entregar imágenes, de imaginar. Las emociones mismas son provocadas y evocadas de distintas maneras. Las imágenes vistas también dependen de lo que buscas y de quién eres, son captadas según el mundo individual. "Toda vez que *no se ama lo que se ve, se ve lo que se ama*" (168), dice Régis Debray (1940) en *Vida y muerte de la imagen* (1992). Las imágenes dadas por el poeta abren el cauce a otras imágenes.

La sangre de la poesía, el pigmento del poeta, el broche de luz, la creación pura del espíritu, la imagen se explica a sí misma, es un resaltar súbito del psiquismo, puede ser el germen de un mundo, dicen nuestros autores. Todos concuerdan en que la emoción es parte de la imagen. Tal vez sea posible ver o crear imágenes sin emoción, sin embargo, las imágenes que contienen emoción, que son la mayoría, es el producto de la fuerza que caracteriza a las grandes obras, es el vórtice, como decía Pound.

En *El tamaño del dolor*, podemos advertir que en la gran mayoría de los poemas, Xhevdet Bajraj parte de la imagen poética para llegar a la expresión verbal. Sin la imagen poética, este poemario habría sido imposible. *Ver* es el apoyo más grande de Xhevdet, es su soporte, su punto de partida. A veces, la meta. Hacer ver a los demás. Únicamente ver no es suficiente, y esto no es poco cuando lo que el poeta ve son atrocidades para las que las palabras de la vida cotidiana no alcanzan a expresar la emoción que las produce. Este es el reto, por ello hay que recurrir a la poesía: decir a través de las palabras de todos lo que se ha visto a través del dolor. Tales son los tres factores que predominan y se retroalimentan poema a poema: palabras no rebuscadas, imagen poética y emoción. En un todo. La imagen, insisto, es punta de lanza que contiene este todo.

Alice Whitmore, una traductora australiana, dice en una antología próxima a publicarse este año sobre algunos poemas de Xhevdet:

La Ciudad de México de Bajraj, poblada por ángeles caídos y los fantasmas del pasado desgarrado por la guerra del poeta, es un lugar incómodo, en el que hasta la más mundana de las actividades está teñida de oscuridad. Las visiones de la violencia rompen intermitentemente el flujo de palabras que se vuelven más contundentes por su escasa simplicidad... Las imágenes que evoca son limpias y hermosas, con poca gente, como una herida profunda y ordenada. Al traducir estas imágenes, intenté capturar su inocencia, su belleza infantil, que contrastan tan claramente con las oscuras pesadillas de la memoria de Bajraj... Esta selección de poemas cortos, como pequeñas ventanas en un mundo en el que ni el lector ni el poeta se sienten cómodos, nos permiten contemplar la brutal melancolía de la guerra, el exilio y sus efectos persistentes.

Estos poemas han sido tomados para observar de qué modo nace la imagen poética. Gracias a la crítica de estos poemas, queda demostrado que donde otras herramientas del poeta pueden ser insuficientes, la imagen poética triunfa, a través de ella se dice lo más cercano a la realidad vista y percibida por el poeta que se vale de ella. En este caso, constatamos que Xhevdet Bajraj necesita ver con imágenes. Su poesía sin imágenes es imposible. Es decir, además de presentar un poema donde se desvela la realidad, este poema hace sentir la realidad que se ve. La imagen poética hace sentir, emociona. La emoción visualiza imágenes poéticas, imagina. La imagen emociona y la emoción imagina. Régis Debray dice que la imagen es una e-moción (81). En *El tamaño del dolor* es evidente desde el título. Hay que recordar que se trata de una emoción *puramente artística* como decía Reverdy, que inspira y crea, pues este veía en el poeta "a todo artista cuya ambición y objetivo son crear, por medio de una obra estética hecha con sus propios medios, una emoción particular que las cosas de la naturaleza, en su lugar, no están en condiciones de suscitar en el hombre" (57). Después de todo, hay preguntas que siempre surgen, por lo general cuando menos se las espera. Seguirán haciéndose hasta siempre, pues la respuesta no tiene fin, es una respuesta y no tiene fin, todos añadimos nuestra parte de respuesta a las preguntas:

¿Qué es poesía?

…

Otra pregunta:

¿Qué es una imagen poética?

…

Debray dice que la mirada es del hombre. "Los halcones ven mejor que nosotros, pero no tienen mirada" (96).

Una conclusión que tranquiliza un poco es que la *zona más recóndita de sí mismo* parece que se mantiene intacta y a los poetas les queda aclararla. Juan L. Ortiz, en *El poeta y su trabajo II*, continúa el eterno diálogo de nosotros:

—…mire, mire ese vuelo de las golondrinas, escuche ese canto…

—*Mejoran las esperanzas del que está cansado…*

—Sí, estamos todos cansados, y nos olvidamos demasiado del *oro del otoño.* Acaso la revolución consista en lo que el hombre por siglos ha estado postergando: la necesidad del verdadero descanso, el que permite ver cómo crecen, día a día, las florcitas salvajes… El hombre necesita mirar las flores y mirar el cielo…

—*Lo necesita para vivir… Sin belleza el hombre se muere…*

—Se muere de tristeza como un pajarito. Por eso, finalmente, un poeta es un hombre peligroso. Nos habla de las cosas que inquietan…

—*Hay que callarlo. O se procura, entonces, que nadie lo escucha…*

—¿Sabe por qué? Porque el poeta suele ser la conciencia de la felicidad perdida…

—*…Y realizable…*

—…La felicidad en armonía, en concordancia con lo que lo rodea sentir en comunión con las cosas. Todo lo que alude a eso es siempre peligroso.

—*¿Está de más preguntarle qué ha sido la poesía en su vida…?*

—Mi querido amigo… la poesía es algo que me lleva y me trae a todas las zonas de la vida, en especial a esa más oscura y más inaccesible… (119)

Bibliografía

Ajmátova, Anna. *Antología*. Versión de José Raúl Arango. Barcelona: Plaza y Janés, 1984. Impreso.

Bachelard, Gaston. *El agua y los sueños. Ensayo sobre la imaginación de la materia*. Trad. Ida Vitale. México: Fondo de Cultura Económica, 2003. Impreso.

---. *El aire y los sueños. Ensayo sobre la imaginación del movimiento*. Trad. Ernestina de Champourcín. México: Fondo de Cultura Económica, 2012. Impreso.

---. *El derecho de soñar*. Trad. Jorge Ferreiro Santana. México: Fondo de Cultura Económica, 2012. Impreso.

---. *Fragmentos de una poética del fuego*. Trad. Hugo F. Bauzá. Buenos Aires: Paidós, 1992. Impreso.

---. *La intuición del instante*. Trad. Jorge Ferreiro. México: Fondo de Cultura Económica, 2014. Impreso.

---. *Lautréamont*. Trad. Angelina Martín del Campo. México: Fondo de Cultura Económica, 2013. Impreso.

---. *La llama de una vela*. Trad. Hugo Gola. Caracas: Monte Ávila, 1975. Impreso.

---. *La poética de la ensoñación*. Trad. Ida Vitale. México: Fondo de Cultura Económica, 2014. Impreso.

---. *La poética del espacio*. Trad. Ernestina de Champourcín. México: Fondo de Cultura Económica, 2013. Impreso.

---. *Psicoanálisis del fuego*. Trad. Ramón G. Redondo. Madrid: Alianza, 1966. Impreso.

---. *La tierra y las ensoñaciones del reposo. Ensayo sobre las imágenes de la intimidad*. Trad. Rafael Segovia. México: Fondo de Cultura Económica, 2014. Impreso.

---. *La tierra y los ensueños de la voluntad*. Trad. Beatriz Murillo Rosas. México: Fondo de
Cultura Económica, 2014. Impreso.

Bajraj, Xhevdet. *El tamaño del dolor*. Versión española del autor y Pedro Reygadas. México:
Era/CONACULTA/UACM, 2004. Impreso.

Barthes, Roland. *La Torre Eiffel. Textos sobre la imagen*. Trad. Enrique Folch González.
Barcelona: Paidós, 2001. Impreso.

---. *Variaciones sobre la escritura*. Trad. Enrique Folch González. Barcelona: Paidós, 2002.
Impreso.

Beristáin, Helena. *Diccionario de retórica y poética*. México: Porrúa, 2008. Impreso.

Borges, Jorge Luis. *Arte poética*. Trad. Justo Navarro. Barcelona: Crítica, 2000. Impreso.

Celan, Paul. *Antología poética 1952-1976*. Versión y selección de Patricia Gola. Prólogo de
Michael Hamburger. Puebla: Universidad Autónoma de Puebla, 1987. Impreso.

---. *Obras completas*. Trad. José Luis Reina Palazón. Madrid: Trotta, 2002. Impreso.

Césaire, Aimé. *Retorno al país natal*. Trad. y comentarios de Lydia Cabrera y Lourdes Arencibia.
Prefacio de Benjamin Péret. La Habana: Colección Sur, 2011. Impreso.

Compagnon, Antoine. *El demonio de la teoría. Literatura y sentido común*. Trad. Manuel Arranz.
Barcelona: Acantilado, 2015. Impreso.

De Campos, Augusto, Décio Pignatari y Haroldo de Campos. *Galaxia concreta*. Trad. Gonzalo
Aguilar. México: Universidad Iberoamericana, 1999. Impreso.

De Campos, Haroldo. *De la razón antropofágica y otros ensayos*. Trad. Rodolfo Mata. México:
Siglo XXI, 2000. Impreso.

---. *El poeta y su trabajo III*. Trad. Eduardo Milán. Puebla: Universidad Autónoma de Puebla,
1983. Impreso.

Debray, Régis. *Vida y muerte de la imagen. Historia de la mirada en Occidente*. Trad. Ramón Hervás. Barcelona: Paidós, 1994. Impreso.

Deleuze, Gilles y Félix Guattari. *Kafka. Por una literatura menor*. Versión de Jorge Aguilar Mora, México: Era, 1978. Impreso.

Ducrot, Oswald y Tzvetan Todorov. *Diccionario enciclopédico de las ciencias del lenguaje*. Trad. Enrique Pezonni. Madrid: Siglo XXI, 1986. Impreso.

Eluard, Paul. *El poeta y su sombra*. Trad. Rafael Sender. Barcelona: Icaria, 1981. Impreso.

Elytis, Odisseas. "Discurso pronunciado en ocasión de recibir el premio Nobel", en *Seis y un remordimientos para el cielo*. Trad. Juan Andralis y Edgar Bayley. Buenos Aires: Argonauta, 1983. Impreso.

---. *Prosa. Seis ensayos*. Trad. Francisco Torres Córdova. México: UNAM, 2001. Impreso.

Hamburger, Michael. *La verdad de la poesía. Tensiones en la poesía moderna de Baudelaire a los años sesenta*. Trad. Miguel Ángel Flores y Mercedes Córdoba Magro. México: Fondo de Cultura Económica, 1991. Impreso.

Huidobro, Vicente. *Altazor*. Edición facsimilar. México: Ediciones Coyoacán, 1998. Impreso.

---. *Poética y estética creacionistas*. México: UNAM, 1994. Impreso.

Kafka, Franz. *La metamorfosis y otros relatos*. s.t., España: Euroliber, s.f. Impreso.

---. *Obras completas. Tomo 1*. Traducciones de Joan Bosch Estrada, A. Laurent, Roberto R. Mahler, José Martín González y Jordi Rottner, Barcelona: Teorema, 1983. Impreso.

Marchese, Angelo y Joaquín Forradellas. *Diccionario de retórica, crítica y terminología literaria*. Versión castellana de Joaquín Forradellas. Barcelona: Ariel, 2000. Impreso.

Marín, Sigifredo E. *Imágenes de la imaginación*. México: Fondo Editorial Tierra Adentro/CONACULTA, 2006. Impreso.

Monges Nicolau, Graciela. *La fantasía en Felisberto Hernández a la luz de la poética de Gaston Bachelard*. México: UNAM, 1994. Impreso.

Ortiz, Juan L. En *El poeta y su trabajo II*. Selección y presentación de Hugo Gola. Puebla: Universidad Autónoma de Puebla, 1983. Impreso.

Padeletti, Hugo. *Poesía y poética #31*. México: Universidad Iberoamericana, 1999. Impreso.

Paz, Octavio. *El arco y la lira*. México: Fondo de Cultura Económica, 2006. Impreso.

---. *La estación violenta*. México: Planeta/CONACULTA, 2002. Impreso.

---. *Libertad bajo palabra*. México: Fondo de Cultura Económica, 1983. Impreso.

---. *Obra poética I (1935-1970)*. México: Fondo de Cultura Económica, 1996. Impreso. p.77

---. *Voz viva de México*. México: UNAM, 2005. Impreso.

Ponge, Francis. *De parte de las cosas*. Versión castellana de Alfredo Silva Estrada. Caracas: Monte Ávila, 1968. Impreso.

---. *Métodos. La práctica de la literatura: El vaso de agua y otros poemas-ensayo*. Trad. Silvio Mattoni. Buenos Aires: Adriana Hidalgo, 2000. Impreso.

Popa, Vasko. *El cansancio ajeno. Poesía completa*. Trad. Dubrabka Sužnjević. Madrid/Sinaloa: Vaso roto/Universidad Autónoma de Sinaloa, 2012. Impreso.

Pound, Ezra. *Disfraces*. Trad. Javier Calvo. Madrid: Mondadori, 1999. Impreso.

---. *El arte de la poesía*. Versión directa de José Vázquez Amaral. México: Planeta, 1983. Impreso.

---. *Il mare*. Recopilación y versión de René Palacios More. Córdoba: Berenice, 2006. Impreso.

Reverdy, Pierre. *Escritos para una poética*. Trad. Guillermo Sucre y Néstor Leal. Caracas: Monte Ávila, 1977. Impreso.

Risto, Petraq. *El guardián de las golondrinas*. Traducción de Xhevdet Bajraj, México: Géiser & Toshka, 2008. Impreso.

Stevens, Wallace. *El ángel necesario. Ensayos sobre la realidad y la imaginación.* Trad. Antonio

    J. Desmonts. Madrid: Visor, 1994. Impreso.

La imagen poética en *El tamaño del dolor* desde la ensoñación poética

Índice

Unas cuantas gracias

A mis abuelos

A mi papá y a mi mamá

A mis hermanos

A mis sobrinos

A mis amigos

A mis mujeres

A mis tíos

    Víctor

    Ardilla

    Morroquita

    Margarita

A los almendros de Acapulco

Las luciérnagas de Nicolás

Y a Peralvillo

A la Universidad Iberoamericana y al CONACyT

www.ingramcontent.com/pod-product-compliance
Lightning Source LLC
Chambersburg PA
CBHW081355280526
45788CB00009B/2887